당신은 한자 까막눈이십니까

한자 문맹, 언론 책임도 크다

당신은 한자 까막눈이십니까

오동환(吳東煥) 지음

안나푸르나

한자 까막눈 시대, 한자 문맹시대다. 낫 놓고 ㄱ자도 모르는 눈
이 한글 까막눈이라면 고무래를 놓고도 '고무래 丁'자를 모르는 눈
은 한자 까막눈이다. 중국에선 일자무식이 '고무래 丁'자를 모르는
것이다. '不識一丁(뿌스이띵)'이라고 한다. 그런데 2019년 1월 13일
경상도 모 여고의 '도전 골든 벨(KBS)' 프로에서는 대다수 학생이
'백성 民'자를 못 써 탈락했고 1월 6일 세종시 어느 고등학교에서는
'家'자의 '돼지 豕(시)'자가 개 또는 소라는 학생이 6명이었다. 사슴을
가리켜 말이라고 하는 '指鹿爲馬(지록위마)' 그 격 아닌가.

2016년 1월 17일 '골든 벨'에서는 '仁川'을 한자로 못 썼고 4월
10일엔 '馬山'을 못 썼는가하면 그 6월 19일 대전에서는 예수의 '최

후의 만찬'을 점심 또는 아침이라고 했다. 그 해 12월 18일 '왕 중 왕 전'에서도 食口(식구)의 '口(입)'자를 몰라 64명이 탈락했고 2017년 2월 12일 '최후의 1인'은 '日就月將(일취월장)'의 日과 一을 구별 못해 탈락했다. 그런가하면 2017년 2월 19일엔 '이목이 집중된다'의 耳 目을 입 또는 코라고 답한 학생이 5명이었고 그 해 4월 2일엔 '生年 月日'을 못써 30여명이 탈락했다.

이쯤 되면 대다수 고등학생이 한자 까막눈이다. 그런데 KBS '우리말 겨루기'는 한자어는 물어봐도 한자어 쓰기는 안 한다. 그 프 로의 달인들은 과연 '達人'을 쓸 수 있을까. '達'자는 '가로 획' 하나 를 빠뜨리기 쉽기 때문이다. '우리말 겨루기'가 아니라 '한글 겨루 기'다. 국어의 70%인 한자어 쓰기를 안 하는 건 어처구니없는 처사 다. 2017년 1월 29일 KBS '한국사기'라는 프로에는 '壇君'이라는 자막이 TV에 떴다. 한국 민족의 시조인 '檀君'도 모르는 집단이 바 로 공영방송이었다. 2018년 10월엔 또 전국 대도시와 미국 뉴어크, LA에서 삼성그룹 입사시험이 동시에 치러졌다. 그런데 '兎死狗烹 (토사구팽)'의 토끼와 개를 '토끼와 뱀' 또는 '토끼와 사슴'이라고 답한 명문대 졸업반 학생이 수두룩했다.

한자를 왜 안 쓰나? 필자가 2012년 펴낸 '한•중•일 한자와 한자어 비교사전'에서도 세세히 언급했듯이 중국 한자는 이미 1956년 간자(簡字)를 만들어 우리 한자와는 생김새가 완전히 다르고 발음은 물론 뜻도 거의가 다르다. 우리 한자는 우리만이 쓰는 '韓字'다. 한자가 중국 글자니까 쓰지 말자는 건 마치 영어가 옛 로마자를 쓰고 있고 영어 단어의 65% 이상이 라틴어에서 왔으니까 영어를 버리자는 억지나 다름없다. 세종은 코리언 알파벳인 ㄱㄴㄷㄹ… 한글 문자, 표기 시스템(script)을 창조한 것이지 language(언어)를 만든 게 아니다. '국어＝한글 고유어＋한자어'다.

일본 중국 대만 등 한자문화권 국가에서 한자를 안 쓴다는 건 상상도 못한다. 우리 문화와 역사의 바탕이 한자다. 더구나 21세기는 한·중·일 시대다. 북한의 작년 9·9절 행사가 놀라웠다. 한자를 한 자도 안 쓰는 북한이 정교한 카드섹션으로 自主, 和平, 友好와 Peace, Friendship을 새겨 보였기 때문이다. 한국의 한자 까막눈 문맹시대, 이 시대가 얼마나 한심한지 이 책에서 낱낱이 예거했고, 우리 한자는 우리만의 한자다, 중국 한자는 그 글자 모양과 발음, 뜻 등이 얼마나 다른지 자세히 비교해 설명하기 위해 이 책을 썼다.

2020년 11월 오동환

일러두기

- 본문의 외래어 표기는 어문규정을 따랐으나, 몇몇은 관례와 원어 발음으로 표기했다.

'적당주의' 그 이상의 훌륭한 주의는 없다

우리 주변에서 흔히 들리는 말이 이렇다. '여보시오! 좋은 게 좋다는데 적당히 좀 하시지' '뭘 그렇게 신경을 쓰나 이 사람아. 적당히 좀 해 두지' '꼭 이렇게 원칙대로 규격대로 깐깐이 처리하셔야 직성이 풀리시겠습니까. 누이 좋고 매부 좋게 어떻게 좀 적당히 넘겨둘 방법은 없겠습니까' '이거 딱 한 번 적당히만 눈감아 주신다면 이에 상응하는 배려는 충분히 해 올리겠습니다' 등.

▲우리 사회 어느 구석을 가도 쉽게 들을 수 있는 말이 '적당히'고 교양깨나 있고 없고 상관없이 대화에 끼워 넣지 않으면 안 되는 말이 '적당히'다. TV 좌담에서도 '적당주의를 몰아내야 한다'고 언성을 높이고 신문 사설에서도 '선진국으로 진입하려면 무엇보다 적당주의를 청산해야 한다'고 옥타브를 놓인다. 특히 1990년대 YS 시

절 삼풍백화점이 무너지고 성수대교 붕괴, 가스사고, 여객선 전복 등 대형사고가 꼬리를 물자 빈발했던 말이 적당주의를 몰아내야 한다는 것이었다.

2천년대 들어서도 2014년 4월의 세월호 여객선 전복사고를 비롯해 대형사고는 끊이지 않고 이어졌고 금년(2019년)의 잇단 부실 아파트 문제만 해도 어떤가. ▲모두 적당주의가 원인이었다는 것이다. 부산 해운대구의 모 신축 아파트의 경우만 해도 1년도 안된 8개월만인 지난 10월부터 353 가구 중 200여 가구에서 줄줄이 누수(漏水)가 되고 70여 가구의 벽면엔 곰팡이가 피었다지 않던가. 11월 들어 서울 반포아파트도 천장에 물이 새고 지하주차장 페인트가 벗겨지는 등 부실 하자가 드러나 리모델링 수준의 하자 보수를 한다는 거 아닌가. 그것도 중소 건설업체가 아닌 두산건설 대림산업 등 1군(群)에 속하는 대형 건설사 작품이 그렇다는 거다. 지난 8월 경기도 고양시 아파트도 화장실 누수와 균열 등 부실공사가 문제가 됐다.

▲그 모든 부실공사가 '적당주의 화신(化身)들 탓'이라는 비난이 빗발쳤다. 어디 부실 아파트뿐인가. 2018년 3월 49명이 사망하고 143명이 화상을 입은 밀양 세종병원 화재, 2017년 12월 29명이 죽고 36명이 부상한 제천 스포츠센터 화재 사고 등은 어떤가. 그 역시

몸에 배고 정신에 밴 적당주의와 안전 불감증이 원인이라는 세간의 비난이 쇄도했었다.

그런데 정말 그럴까? ▲정말 적당주의라는 게 부실시공 아파트나 대형 화재사고 등 모든 사고의 원인인가. 그건 아니다. 천만의 말씀이다. 절대로 적당주의가 원인이 아니다. 적당주의는 사고의 원인이 아니라 오히려 그 반대로 사고 예방약이고 예방주사다. ▲이 세상, 인간 세상에서 꼭 필요한 건 적당주의고 적당주의 그 이상으로 필요한 주의는 없다.

무슨 말인가. '적당히, 적당하다'의 '적당'이 무슨 뜻인지 아는가. '적당(適當)히'라는 말의 適은 '꼭 맞을 적', 當은 '마땅할 당'자다. 따라서 '적당하다'는 말은 '꼭 알맞다' '적합(適合)하다' '합당(合當)하다'는 뜻이다. '어떤 상태나 목적 등에 알맞게 들어맞음'이 '적당함'이다. 원칙과 규칙에 어긋나지 않는 게 적당한 것이고 경우와 상황과 계제(일의 순서)에 합당하고 마땅하고 지당하고 온당하게 들어맞는 게 '적당'한 것이다. 사리(事理)에 들어맞는 것도 적당한 것이고 논리에 어긋남이 없는 것도 적당한 것이며 일체의 규약(規約)에 거슬림이 없고 위배(違背)되는 바가 없는 것도 '적당'한 것이다.

그렇다면 ▲우리는 무엇이든, 무슨 일이든 적당히 시작해야 하고 적당히 끝내야 함은 물론 예외 없이 적당주의를 따라야 하고 적당하게 완성해야만 한다. 그런데 왜, 무엇 때문에 '적당히, 적당주의'가 세간의 원성(怨聲)과 지탄(指彈)의 대상이 되었는가. 그건 '적당히, 적당주의'라는 말뜻을 잘못 이해했기 때문이다. '적당히, 적당주의'를 '요령껏 요령주의, 눈치껏 눈치주의, 대충대충 대충주의, 대강대강 대강주의, 건성건성 건성주의, 얼렁뚱땅 얼렁뚱땅주의, 얼버무리기 따위'로 오해하기 때문인 것이다. 왜 그런 오해가 생기고 비롯되었을까.

▲그건 '적당히'라는 말의 국어사전 풀이가 잘못된 탓이 크다. 국어사전에서는 '적당(適當)'이라는 명사의 말뜻을 '①어떤 성질 상태 요구 따위에 꼭 알맞음. 예, 적당한 시기. ②정도가 알맞게 적합함. 합당'이라고 풀이해 놓고는 부사인 '적당히'라는 말에 대한 풀이만은 엉뚱하게 어긋났다. '요령 있게 합리화해서, 앞뒤가 맞도록 얼버무려서' 예 '적당히 넘기다'로 풀이해 놓은 것이다. 어떻게 그런 말 풀이, 뜻풀이가 가능했고 '적당'과 '적당히'라는 명사와 부사가 상반된 뜻으로 둔갑할 수가 있다는 것인가.

그 까닭은 ▲혹시 일본어사전의 영향이 아닌지 의심스럽다. 권위 있다는 이와나미(岩波)의 일본어사전 '코지엔(廣辭苑)'을 보면 '要領よくやること いい加減, 嚴密にはできぬから 適當にでっち上げておいた'라고 해서 '적당히'라는 말뜻 풀이가 보인다. <요령 좋게 하는 일(것), 쉬운 加減(가감), 엄밀히는 안 되니까 적당히 꾸며대다(날조하다)>는 뜻이라고 했다. 'でっち上げて'의 기본형 'でっち上げる(뎃치아게루)'라는 말은 '사실무근의 일을 꾸며내다 날조하다'라는 뜻이다.

그런데 ▲도무지 이해할 수 없는 건 어떻게 정확하기로 명성이 드높은 권위 있는 일본어사전에 올라 있는 단어 '適當(테키도)'이라는 말, 즉 '어떤 상태나 목적 등에 알맞고 꼭 맞는 일(것)'이라는 좋은 뜻의 낱말이 '적당히'라는 부사로 어미변화를 하는 경우엔 '요령 좋게 하는 일, 쉬운 가감(加減), 엄밀히는 안 되니까 적당히 꾸며대다'라는 나쁜 뜻으로 돌변하느냐, 그 점이다. 한국어사전의 '적당'과 '적당히'의 뜻풀이도 그런 일본어사전 영향이 아닌지 의심스럽다는 것이다.

그런데 ▲중국어사전은 한국어사전이나 일본어사전과는 다르다. '適當(스땅:적당)'이라는 말은 '적절하다 알맞다'는 뜻이라고 했다.

‘適當的機會(스땅더지후이:적당적기회)’는 ‘적당한 기회’라는 뜻이고 ‘適當地處理(스땅더추리:적당지처리)’는 ‘적절히 처리하다’라는 뜻이지만 ‘요령껏, 요령주의’ 등 나쁜 뜻은 아니다. ‘適當其可(스땅치커:적당기가)’는 또 ‘매우 적절하다, 꼭 들어맞다’라는 뜻으로 ‘適當’의 뜻을 더욱 강조한 말이다. ‘때마침 (…을) 만나다’라는 말의 ‘때마침’도 ‘適當(적당한 기회)’이라는 뜻이다.

‘適度(스뚜:적도)’라는 말 역시 ‘적당하다 적절하다’는 뜻이고 ‘適宜(스이:적의)’라는 말 또한 ‘적당하다 적합하다 적절하다’를 뜻한다. 그리고 ‘적당한 정도에서 멈추다 그치다 그만두다’라는 뜻의 ‘適可而止(스커얼즈:적가이지)’도 나쁜 뜻이 아니다. ‘喝酒要適可而止(허지우야오스커얼즈:갈주요적가이지)’라는 말 역시 ‘술도 적당히(알맞게) 마셔야 한다’는 뜻이다.

‘的當(디땅:적당)’이라는 단어도 ‘적절하다 알맞다 적당하다’는 뜻이고 ‘的確妥當(디춰에투어땅:적확타당)’의 준말이다. ‘此語甚爲的當(츠위선웨이디땅:차어심위적당)’ 또한 ‘이 말은 매우 적확하고 타당하다’라는 의미의 말이다.

아무튼 ▲‘적당주의(適當主義)’라는 말은 한국인이든 어느 나라 사람이든 인류가 꼭, 우선적으로 신봉해야 할 제1 덕목이다. 타기하고 외면해야 할 그런 '주의'가 아니다. '적당주의=합리주의'고 '적당주의'가 바로 타당주의 온당주의 지당주의 합당주의다. 결코 대충대충 건성건성 얼렁뚱땅 처리하는 게 '적당주의'가 아니고 요령주의가 아니다.

다시 한 번 강조하지만 우리는 뭐든지, 뭘 하든지 '적당히' 시작해야 하고 예외 없이 적당주의를 따라야 하고 신봉(信奉)해야 하고 적당하게 완결하고 완성해야 한다. 특히 한자 까막눈들이 명심할 말이고 단어다.

너무너무 감사드린다, 너무너무 축하드린다, 너무너무 사과드린다…

무슨 무슨 유명 영화제(映畵祭)를 비롯해 무슨 무슨 상(賞) 시상식, 그리고 TV방송들의 연말 송년회에서 상을 탄 사람들이 인사말을 하는 걸 보고 들으면 눈과 귀가 몹시 불편해진다. 진부(陳腐)하기 짝이 없는 상투적인 말투가 수상자마다 거의 같기 때문이다.

"이렇게 큰 상을 제가 받게 되어 너무너무 영광스럽습니다. 이런 상을 제게 주신 데 대해 먼저 아무개님과 아무개님 그리고 아무개님과 아무개 선배님께 너무너무 감사드리고, (그러고도 계속 이어지는 아무개님에 이어) 제작진 여러분과 출연진 여러분, 그리고 작가 선생님에게도 너무너무 감사드리고 저를 낳아주신 부모님께도 너무너무 감사드립니다" 투가 거의 한결같은 언사와 몸짓이기 때문이다. 게다가 벅찬 감격에 감읍(感泣)까지 참지 못해 눈물을 훔치는 수상자도 흔하고 그런 남자 수상자까지 있지 않은가.

먼저 '너무너무'의 '너무'는 부정적인 뜻으로 쓰이는 부사다. 너무 쓰다, 너무 아프다, 너무 괴롭다, 너무 시끄럽다 등 '한계나 정도를 넘어 과도하게'라는 뜻으로 통하는 부정적인 말이다. 국어사전의 용례를 봐도 그렇다. '너무 고르다가 눈먼 사위 얻는다' '너무 뻗은 팔은 어깨로 찢긴다(지나치게 남을 해치려다가 도리어 실패하게 된다)' 등.

아무튼 큰 상을 타는 사람의 감심(感心→깊이 마음에 느낌)이야말로 벅차기가 그지없을 것이다. 일본어에도 똑같은 '感心(칸신)'이라는 말이 있는 것만 봐도 그럴 것이다. 감동과 감복(感服)을 표현하는 말, 즉 감심을 나타내는 말은 '감언(感言)'이라고 한다. 그런데 이상하게도 한국어와 일본어엔 '感言'이라는 말이 없는데 중국어에는 '感言(간이엔)'이라는 말이 있다. 어쨌거나 아무리 감심(感心)을 표현하는 '감언'이 벅차다고 해도 '너무너무 감사드린다'는 말투와 말버릇의 '(감사)드린다'는 군더더기다. 전혀 필요 없고 쓸데없는 말이다.

국어사전의 '감사(感謝)'라는 말은 '고마움, 고맙게 여겨 사의를 표함'이라고 했다. 그럼 '사의(謝意)'의 뜻은 또 무엇인가. '감사의 뜻과 감사하는 뜻, 사과의 뜻과 사과하는 뜻'이 '사의'다. '謝'가 '사례

(謝禮)할 사’자다. 다시 말해 ‘감사하다 사과하다 사죄하다 미안함을 표시하다’는 뜻의 글자가 ‘謝’자고 ‘언행이나 물품으로 상대자에게 고마운 뜻을 나타냄’이 ‘사례’다. 그 사례를 크게 하는 게 또 ‘다사(多謝→대단히 감사합니다)’고. 어쨌든 ‘감사합니다’ 그 한 마디면 그걸로 끝이고 ‘대단히 감사합니다’는 금상첨화(錦上添花)의 사의(謝意)다.

중국인들은 고맙다는 말을 할 때 ‘사례할 謝’자 두 개를 겹쳐 ‘謝謝(시에시에)’라고 한다. ‘謝謝’의 앞뒤로 ‘너무너무’나 ‘드린다’ 따위 너절한 군더더기 말은 붙이지 않는다. 謝자 하나면 족하기 때문이다. 그러니까 글자 뜻을 모르는 한자 까막눈들이나 ‘너무너무 감사 드린다’ 투로 말하기 쉽다.

한자의 본고장인 중국의 ‘謝’자 돌림 단어를 좀 더 지적, 설명해 보자.

▲謝賀(시에허:사하)→‘감사하다’는 뜻이다. ‘謝賀老天(시에허라오 텐:사하로천)’은 ‘하늘에 감사하다’는 뜻이고…. ‘謝承(시에청:사승)’도 ‘謝賀’와 같은 뜻이다. ▲謝候(시에허우:사후)→사례하다. 감사의 인사 를 올리다. ▲謝勞(시에라오:사로)→도움 받은 것에 감사하다. 노고에 감사하다. ▲謝步(시에뿌:사보)→답례로 방문하다. ▲謝擾(시에라오:사 요)→폐를 끼치거나 대접을 받은 것에 대해 사례의 말을 하다. ▲謝

賞(시에상:사상)→선물을 받은 데 대하여 감사하다. 賞도 선물이라면 수상자가 고맙다고 하는 말은 '謝賞'이다. ▲謝天謝地(시에톈시에띠: 사천사지)→고맙기 그지없다. 감지덕지다. 감격할 만큼 감사하다. 시상식에서 수상자가 하는 말인 '너무너무 감사드린다'는 말이 바로 '謝天謝地' 아닐까. '하늘에 감사하고 땅에 감사하다'는….

그런데 '사례할 사(謝)'자 돌림의 단어 중 흥미로운 건 다음 두 가지다. ▲謝坐(시에쭈어:사좌)→'請坐(칭쭈어:청좌)' 즉 '(자리에) 앉으십시오'라고 권할 경우 감사하다고 말하면서 앉는 사람이 하는 말도 똑같은 '謝坐(시에쭈어:사좌)'다. 그냥 고맙다는 말인 '시에시에(謝謝)' 또는 '깐시에(感謝)'가 아니라 '앉게 해 주셔서 고맙다'는 뜻으로 '謝坐'라고 말하는 것이다. 또 하나는 ▲'謝幕(시에무:사막)'라는 단어다. 음악 연주회 등에서 지휘자와 성악가 등이 커튼 콜(curtain call)―앙코르를 받았을 때 고맙다고 답례하는 말이 '謝幕'이다. 이 경우도 그냥 고맙다는 '시에시에'가 아니라 '시에무'라는 말이 따로 있다는 것이다.

'미안함을 표시하다'의 '謝過(시에꾸어:사과)'도 마찬가지다. '드린다' 따위 너절한 군더더기는 붙일 필요가 없다. '謝'자 하나에 이미 사과의 뜻이 포함돼 있다. '잘못에 대하여 용서를 빈다'는 우리말

'사과'의 뜻도 다를 게 없다.

▲'너무너무 축하드린다'는 말은 또 뭔가. '너무너무'와 '드린다'는 군더더기가 왜 앞뒤로 붙는가. 드리기는 뭘 드리나? 그냥 '축하합니다' 또는 '진심으로 축하합니다'라고 말하면 된다. 아니 그냥 '축하(祝賀!)'라고만 해도 잘못된 말이 아니다. 한자 까막눈들은 좀 생소하게 들릴지 모르지만 '축하'의 '賀'자가 '하례할 하'자다. 그럼 '하례(賀禮)'란 무엇인가. '축하하는 예식(禮式)'이 '하례'다. 결혼식 취임식 시상식(施賞式) 등 축하하고 복을 비는 축복의 예식이 하례다.

그런데 한국어와 일본어에는 '결혼'이라는 말이 있는데 중국어에는 '결혼(結婚)'이라는 말이 없다. 결혼이 아니고 '婚禮(훈리:혼례)'고 '婚姻(훈인:혼인)'이다.

중국어의 '축하한다'는 '賀'자 돌림 어휘의 용례를 좀 더 들어보자.

▲賀詞(허츠:하사)→축사(祝辭), 축하문이다. ▲賀電(허띠엔:하전)→축전(祝電), 축전을 보내다. ▲賀信(허신:하신)→축하 편지. '祝函(허한:축함)도 축하 편지다. ▲賀片(허피엔:하편)→축하 카드. ▲賀壽(허서우:하수)→생일을 축하하다. 한국어의 '賀壽'가 '장수를 축하함'인 것과는 좀 다르다. ▲賀儀(허이:하의)→축의(祝儀). '결혼 축의금' 등의 그

'축의'다. ▲賀節(허지에:하절)→명절, 경축일, 축제일. ▲賀年(허니엔:하년)→새해를 축하하다. '賀歲(허쑤이:하세)'도 같은 말이다.

눈만 뜨면 박수를 쳐대는 사람들이 '박수'가
무슨 뜻인지 알고나 쳐대는 것인가

눈만 뜨면 박수들을 치며 산다. 통과의례와 같은 이른바 '박수례 (拍手禮)'를 표하고 있는 것이다. 박수로 하는 인사, 박수로 표시하고 표현하는 예의가 '박수례'라는 것이다. 뭐든지 잘한다고 잘했다고 박수 치고 찬성하고 찬동한다고 박수 치고 격려하고 찬양하면서 박수 치고 동의하고 환영한다고 박수 치고….

하지만 ▲'박수를 친다'는 말은 뜻이 겹치는 말이다. '역 전 앞' '처갓집' '한옥 집' '해변 가' '모래사장' '무궁화 꽃' 등처럼 뜻이 겹친다. '박수'의 '拍'자 자체가 '칠 박'자다. 손바닥으로 치는 게 '拍'이고 박자를 맞추듯 두 손바닥을 마주치는 게 '拍'이다. 국악에서 쓰이는 타악기 중 하나가 또 '拍'이고 박자를 맞춘다는 그 '박자'의 준말이 '拍'이다. 그런데 ▲'拍手를 친다'고 하면 '拍(친다)'과 '친다'는 말이 겹친다. 다시 말해 두 손바닥(掌)을 마주쳐 소리를 내는 게 '칠 拍'자의 '박수'라는 말인데 '박수를 친다'고 하면 '친다'는 뜻이 겹친다는 것이다.

▲'박수를 친다'가 아니라 '손뼉을 친다'가 맞는 말이다. 손바닥과 손가락을 합친 전체의 바닥이 '손뼉'이다. 그러니까 '자 여러분! 큰 박수로 환영합시다' '우레와 같은 박수 소리' 등이 바른 표현이지 '자, 여러분 박수 좀 칩시다' '청중은 광장이 떠나갈 듯 박수를 쳤다' 따위 말투는 '친다'는 말뜻이 겹쳐 글렀고 틀렸다는 것이다. 그러니까 '박수를 친다'는 말은 '拍手'라는 말의 글자 뜻도 모르는 한자 까막눈들이나 쓰는 말투다.

말뜻이 겹치는 줄도 모르는 언사(言辭)의 예를 좀 더 들어보자.

▲KBS 일요일 전국 노래자랑의 명사회자 송해 씨가 매주 하는 말투가 '여러분들, 여러분들'이고 '이 넓은 광장(廣場→넓은 마당)을 가득 메워주신 ○○ 주민 여러분…' '부르실 노래 곡목(曲目→노래 제목)은…'이고 ▲'해마다 명절 때면(名節이면)' ▲'3월 달(3월)' '4월 달'… ▲'오일 날, 육일 날, 칠일 날…'은 KBS 월요일 밤 '가요무대'의 김동건 씨 말버릇이다. ▲2018년 9월 3일 조선일보 명칼럼 '만물상'에 나오는 말은 '상갓집(喪家) 분위기'였고 ▲2018년 12월 10일 KBS의

'우리말 겨루기' 진행자가 한 말은 ▲'격세지감(隔世之感)'을 느낀다고 하지요…'였다. '感'과 '느낀다'가 겹친다. 선거 때만 되면 또 득표율이 ▲'과반(過半)을 넘는(過)' 후보가 있고 스포츠에서는 늘 ▲'시범(示範)을 보이는(示)' 베테랑이 있게 마련이다.

'박자(拍子)' '박자를 맞추다'의 拍자도 '칠 박'자다. '박자'의 준말이 '拍'이고 국악에서 쓰이는 타악기의 하나가 '拍'이다. 그 박을 잡아 '딱 딱' 치는 것을 또 '집박(執拍)'이라고 한다. 중국어에서도 拍(파이:박)은 '칠 박'자로 '拍手(파이서우:박수)'는 '손바닥으로 치다' '손뼉을 치다'는 뜻이다. 손바닥은 '巴掌(빠장:파장)' 또는 '手掌(서우장:수장)'이고 손뼉을 친다는 말을 '鼓掌(구장:고장)'이라고도 한다. '손바닥(掌)을 두드린다(鼓)'는 뜻이다. '손뼉을 친다'는 '拍手'를 또 '拍掌(파이장:박장)' '拍巴掌(파이빠장:박파장)'이라 하고…. 그 '칠 拍'자가 들어간 기타 단어들이 흥미롭다.

▲拍号(파이하오:박호)→박자 기호, 박자표. ▲拍門(파이먼:박문)→문을 두드리다. ▲拍打(파이다)→가볍게 두드리다, 털다. ▲拍屁股(파이피꾸:박비고)→엉덩이를 두드리다. 아무것도 아니라는 것을 나타내는 동작. 그런데 屁는 '방귀 비'자, 股는 '허벅지 고'자다. ▲拍案

(파이안:박안)→탁자를 친다는 뜻이다. 왜 탁자를 치나? 강렬한 분노를 터뜨릴 때, 놀랐을 때, 그리고 기발(奇拔)함을 보았을 때 탁자를 내리친다. 그 밖에 경매에서 낙찰되었을 때도 사회자가 책상을 내리친다는 것이다. ▲拍案叫絶(파이안쟈오쥐에:박안규절)→'탁자를 치며 훌륭하다고 소리치다, 큰 소리로 극구칭찬하다'는 뜻이다.

이 말에 해당하는 최근의 실례(實例)가 있다. 2015년 4월 21일 시진핑(習近平) 중국 주석이 파키스탄 수도 이슬라마바드에서 나와즈 샤리프(Sharif) 파키스탄 총리와 정상회담을 하고 연설을 했다. 시 주석은 "파키스탄 과다르(Gwadar)항에서 중국 신장(新疆) 위구르 자치구까지 3천㎞ 구간에 도로와 철도, 가스관 등 건설 사업에 460억 달러를 투자하겠다"고 힘주어 말했다. 그 소리에 샤리프 파키스탄 총리가 힘찬 박수 대신 탁자를 내리쳤다는 것이다. 글자 그대로 '拍案叫絶'을 한 것이다.

그런데 전보를 치는 것도 ▲拍發(파이파:박발) 또는 ▲拍電(파이띠엔:박전)이라고 한다. 전보를 치는 게 마치 탁자를 탁 치는 것처럼 친다는 것인가 뭔가.

일본어에서도 ▲'拍手(하쿠슈)'라는 말은 상용어이고 ▲拍手喝

采(하쿠슈갓사이:박수갈채)라는 말을 좋아하는 게 일본인들이다. 또한 일본에서도 ‘拍手’의 ‘칠 拍’자가 곧 ‘박자 박’자다. ‘拍子’의 발음은 ‘효시’고 3박자는 ‘산뵤시’다. 일본에선 또 딱딱이를 ▲拍子木(효시기)이라고 한다. ‘딱딱이를 딱딱 친다’고 할 때의 그 딱딱이 말이다. ▲拍子拔け(효시누케)라면 빠짝 긴장했다가 갑자기 맥이 탁 풀리고 김이 빠진다는 뜻이고…. 일본 악기의 한 가지도 ‘拍子(효시)’다. 신에게 제사지낼 때 연주하는 무악(舞樂)인 ‘가지라(新樂)’와 가곡인 ‘사이바라(催馬樂)’ 연주 때 사용하는 악기가 ‘拍子’라는 악기다.

그런데 ▲야스쿠니(靖國) 신사 등 신전(神殿)에 참배하는 일본인들을 보면 그 손뼉 치는(拍手) 모습들이 좀 별나고도 생소하다. ‘니하이니니하쿠슈(二拜二拍手)’라고 해서 신위(神位)를 향해 두 번 허리를 굽혀 넙죽 절한 다음 ‘딱 딱’ 손뼉을 두 번 치는 그 우스꽝스런 모습들 말이다. 그 ‘딱 딱’ 박수 소리에 신위들이 놀라지 않을까. 어쨌든 손뼉을 치는 ‘拍手’보다 더 구체적인 말이 ‘손바닥을 친다’는 ‘拍掌’이고 그 ‘拍掌’보다 더 멋있고 흥미롭고도 강력한 말이 ▲‘박수갈채(拍手喝采)’와 ‘박장대소(拍掌大笑)’다.

하지만 중국어에는 ‘拍手(파이서우)’와 ‘喝采(허차이:갈채)’라는 말은 따로 있어도 ‘拍手喝采’로 하나로 붙어 있는 말은 없고 ‘박수갈채’라는 말 대신 '拍手叫好(파이서우쟈오하오:박수규호)'라는 말이 있다. 그러나 일본어에는 '拍手喝采(하쿠슈갓사이)'와 '拍掌大笑(하쿠쇼다이쇼)라는 말이 모두 있다.

그런데 도무지 알 수 없는 게 있다. '갈채(喝采)'라는 말은 '기뻐서 크게 소리 지르며 칭찬함'이고 '박수갈채'라면 '손뼉과 함께 크게 소리치면서 칭찬함'이다. 우리 국어사전에도 '연하여 손뼉을 치면서 칭찬함'이 '박수갈채'라고 했다. 영어로는 'big round of applause'다. applause(어플로즈)가 '박수갈채하다'라는 뜻이다. 그런데 왜 ▲'갈채'의 '喝'자가 엉뚱하게도 '꾸짖을 갈'자인가. 중국어에서도 '喝呼(허후:갈호)'는 '호통 치다, 큰 소리로 꾸짖다'라는 뜻이고 '喝止(허즈:갈지)'는 '소리치며 제지하다'라는 말이다. '大喝一聲(따허이성:대갈일성)'도 '큰 소리로 꾸짖다'라는 뜻이다. 그런데도 어떻게 '갈채'라는 말만은 '기뻐서 큰 소리로 칭찬함'이라는 뜻으로 굳어진 것인가.

▲'갈채'의 '采'자도 마찬가지다. '采'는 '캘 채'다. 중국 한자 '采'자도 '(나물 따위를) 뜯다, 채취하다, 수집하다'는 뜻이다. '采茶(차이차:채차)'는 '차를 따다'라는 뜻이고 '采伐(차이파:채벌)'은 '(나무 등을) 벌채

하다'라는 뜻이다. 그렇다면 그런 '꾸짖을 喝'자와 '캘 采'자가 어울려 어떻게 또 '기뻐서 소리치면서 칭찬한다'는 뜻의 '喝采'라는 말이 된 것인가.

　▲'풍채(風采)'라는 말 또한 납득하기 어렵다. '바람 풍(風)'자와 '(나물 캐는) 캘 채(采)'자가 만난 말인데 어떻게 말뜻이 '빛나게 드러나는 사람의 겉모습'이라는 말인가. 더구나 풍채 좋기가 '옥골선풍(玉骨仙風)'이니 '선풍도골(仙風道骨)'이라고 했고 '(어사또처럼 당당한) 철관풍채(鐵冠風采)'라는 말도 있다. 어사(御史)가 찰관을 썼다는 것이다. 또한 풍채를 '풍의(風儀)' '풍자(風姿)' '풍표(風標)' '풍신(風神)' '자망(姿望)'이라고도 하고 중국에선 풍채를 '姿采(쯔차이:자채)'라고도 한다.

　그런데 박수갈채의 '갈채(喝采)'라는 말을 보면 지나칠 수 없는 게 있다. '갈채'의 '采'자가 '캘 채'자에다가 '뜯고 채집하고 수집하는 채'라고 했는데 흔히 '采'자와 '釆'자를 혼동해 잘못 쓰는 경우가 흔하다. 그래서 구한말의 언론인이었던 단재(丹齋) 신채호(申采浩) 선생의 采자를 釆자로 적는 지식인까지 있다. 釆은 '분별할 변'자로 '辨'자의 본자(本字)다. 辨자의 본디 글자가 釆자라는 것이다.

　'박수갈채'라고 했다. 인생에서 박수와 갈채까지는 몰라도, 다시 말해 박수와 갈채를 한꺼번에 받는 영광까지는 몰라도 박수 한 번 크게 받지 못하는 인생은 삭막하다. 그러니까 남의 인생을 향해서도 웬만하면 찬사와 함께 박수를, 손뼉을 쳐주는 아량이 필요하고 아쉽기만 하다.

차이코프스키의 6번 교향곡 '비창(悲愴)'을 듣고 있으면 그 말 '비창'처럼 슬픔에 잠겨 박수를 잊는다고 했던가. 손뼉 한 번 쳐 보자. 마을 뒷산에 올라가다 보면 손바닥이 아플 정도로 연신 손뼉을 쳐 가며 걷는 사람이 있다. 건강과 활력을 위해서라는 것이다. 그런 사람도 있지 않은가.

'낭만'이라는 말의 뜻도 모르고 어디서 온 말인지도 모르면서 낭만, 낭만…

'낭만'이라는 말을 쓰기 시작한 지는 이미 오래다. 일제 강점기인 1930년대의 시 동인지(同人誌) 이름으로 '浪漫'이라는 것이 있었고 역시 30년대의 신 극단(新 劇團) 이름에도 '낭만좌(浪漫座)'라는 것이 있었던 걸로 미루어 낭만이라는 말이 유행한 지는 1세기가 다 된 듯싶다. 그 후 전산화(電算化), 컴퓨터 시대를 거쳐 요즘의 흔한 AI(로봇) 등 4차 산업의 첨단과학화시대에 이르기까지도 '낭만'이라는 말은 사라질 줄을 모른다.

▲지난 4월(2019년) 15일 KBS '가요무대'의 노래 주제가 '낭만'이었다. 최백호의 노래 '낭만에 대하여'를 비롯해 비를 맞고 거니는 덕수궁 돌담길, 홀로 우두커니 앉아 있는 공원 벤치, 나성에 가면 편지를 띄우세요, 불러라 샌프란시스코야 태평양 로맨스야 등이 모두

낭만 노래라며 이어졌고 월남의 달밤, 애리조나 카우보이, 커피 한 잔, 목로주점, 비 내리는 명동 거리, 방랑자여, 방랑자여 기타를 울려라, 고래 사냥 등 낭만 노래가 계속 이어졌다. '가요무대' 사회자 김동건 아나운서는 "기차를 타고 가는 것도 낭만"이라고 말했다. 요즘도 기차가 있긴 있나? 기차(汽車)의 汽는 '김 기'자다. 汽가 수증기다. 물을 끓여 수증기를 내뿜는 힘으로 달려가는 열차가 바로 기차다. 그렇다면 그런 열차가 아직도 있다는 것인가.

▲2014년 2월 TV조선의 토크 쇼 제목이 또 '낭만논객'이었다. 김동길 교수와 김동건 아나운서, 조영남 가수 3인이 낭만논객 주인공이라는 거다. 그런데 ▲낭만이라는 말뜻이 무엇인지, 어디서 비롯돼 생겨난 말인지에 대해선 그들 '낭만논객'들도 일언반구가 없었다. 또한 2001년 6월 대한민국의 내로라하는 문화예술인들이 세종문화회관에 모여 '인간미 넘치는 세상'을 외쳐대며 창립한 것도 '낭만파 클럽'이라는 것이었다.

그런데 요즘까지도 '낭만이 없다' 어쨌다고 말하면서도 '낭만' '낭만적'이라는 말만은 사라질 줄을 모른다. 다시 말해 낭만이라는 게 우리의 바쁜 일상생활 틈새로부터 빠져나가 사라지고 있다는 우려의 소리는 그간 줄곧 들려왔다. 삶의 여유에서 풍기는 멋이라는 게 점차 말라비틀어지기 때문이라는 걱정의 소리였다. 지난 ▲ 82년 5월 20일 어느 신문 사회면 머리기사 제목은 '낭만 사라지는 대학가 하숙집'이었고 낭만 실종신고를 해야 한다는 젊은이들 우려의 소리 또한 높았었다. 그러나 낭만이라는 말 자체가 아예 말라비틀어질 염려는 없지 않나 싶다. 낭만적인 삶 자체만은 버릴 수가 없기 때문이다.

그렇다면 낭만이라는 말은 무슨 뜻인가. ▲'浪漫'의 浪은 '물결 랑'자, 漫은 '물 질펀할, 범람할 만'자다. 물이 물결을 치며 넘쳐나는 게 '낭만'이라는 글자 뜻이다. 하지만 우리 국어사전은 '실현성이 적고 매우 정서적이며 이상적인 상태, 현실적이 아닌 공상적인 모양'이 낭만이라고 풀이한다. 무슨 뜻인지 애매모호, 분명치 않지만 아무튼 ▲'낭만'은 우리말이 아니다. 1930년대 일제 강점기부터 쓰기 시작했으니까 그럼 일본말인가. 그도 저도 아니다.

▲'낭만'이란 옛 프랑스 말 'roman(로망)'에서 왔고 어원은 라틴어 로마니스(rōmānice)로 원래 '속어로 씌어진 설화'를 뜻하는 말이었다. '기이하고 가공적(架空的)이며 감성적이고 경이적'이라는 뜻을 가진 이 말은 17세기 중엽 영국에서 가장 먼저 쓰이기 시작했고

18세기 이후 유럽 예술가들의 예술 사조가 되기도 했다. 동적(動的)인 리듬 속에 인간 감정을 표출하려는 19세기 제리코(Géricault), 들라크로와(Delacroix) 등 화가들의 미술이 낭만주의 미술이었고 베를리오즈 바그너 쇼팽 슈베르트 등의 음악이 낭만주의 음악이었다. 다시 말해 18세기 말~19세기 초 프랑스 독일 영국 등을 중심으로 유럽을 휩쓴 근대 문예사조 및 그 운동이 바로 낭만주의였다.

그렇다면 프랑스어 로망(roman)이 어떻게 '낭만'이 된 것인가. 일본이 이른바 에도바쿠후(江戶幕府)라는 낡은 봉건적인 정치를 타파, 새로운 정치 사회의 대변혁을 이룩함으로써 근대적 통일국가를 이룩한 것은 1868년의 이른바 '메이지이신(明治維新)'이었고 그 혁명을 주도한 사람들이 유신파(維新派)인 오쿠보 도시미치(大久保利通), 사이고 타카모리(西鄕隆盛), 키도 타카요시(木戶孝允), 이와쿠라 토모미(岩倉具視) 등이었다. ▲'維新'의 일본 발음은 '유신'이 아니고 '이신'이다. 아무튼 그 메이지이신을 계기로 서양 문물을 대거 유입했고 거기에 앞장선 선각자가 오랫동안 일본 화폐 1만 엔짜리의 화폐인물이었던 후쿠자와 유키치(福澤諭吉)였고 메이지이신의 정신적 지도자가 현재 일본 총리 아베 신조(安倍晋三)가 가장 존경한다는 요시다

쇼인(吉田松陰)이었다.

　그들 선각자들은 선진 서양 문물과 학문도 대거 유입했다. 바로 그 무렵 ▲프랑스어 로망, 로망파의 'roman'도 유입, 일본어로 번역한 한자가 바로 '浪漫'과 '浪曼' '魯漫'이었다. 그런데 '물결 랑(浪), 물 범람할 만(漫)' '물결 랑(浪), 아름다울 만(曼)' '미련할 로(魯), 물 질펀할 만(漫)'자라는 한자 뜻과는 전혀 상관없이 그냥 ▲'로망'이라는 프랑스어 발음에만 비슷하게 한자를 찍어다 맞춰 浪漫 浪曼 魯漫으로 번역해 썼었다. ▲세 단어 모두 일본어 발음이 '로망(ろうまん)'이기 때문이다. 그러다가 그 세 단어 중 나중에 ▲'浪漫'으로 한자를 통일시킨 것이다. 그런데 일본인들이 모두 '로망'으로 읽는 浪漫 浪曼 魯漫 세 단어 중 '浪漫'이 아닌 '魯漫'으로 통일시켰더라면 한국인들은 얼마나 다행이었을까. '로만'→로망(roman)의 우리말 발음과 가장 가까운 게 바로 '魯漫이기 때문이다.

　그런데 일본인들은 '浪漫'이라는 한자어보다는 일본 고유문자 가타카나(片仮名)인 'ロマン(로망)'으로 표기한다. 2001년 7월 20일 일본 마이니치(每日)신문 사고(社告)가 '古代 ロマン문학대상 작품 모집'이었다. 일본 가수 토바이치로(鳥羽一郎)의 노래 'ろまんちっく東京'은

‘로만칫쿠(로맨틱) 토쿄’의 일본어 표기였다. 그런 일본인 발음 ‘로망(浪漫→ロマン)’을 한국인들은 뭐가 뭔지도 모르고 한자 모양새만 보고 ‘낭만’으로 읽는다는 게 얼마나 한심한가. 일본인들이 속으로 낄낄거리지 않을까 모르겠다.

더욱 웃기는 건 중국인들도 한국인들처럼 ▲浪漫(랑만)이라는 말을 그대로 쓰고 있다는 사실이고 ▲浪漫派(랑만파이) ▲浪漫主義(랑만주이)도 마찬가지다. 浪漫이라는 말이 어디서 어떻게 왔는지를 한국인들처럼 중국인들도 전혀 관심 밖인 것 같다. 심지어 중국 CCTV 선전 광고에도 ‘랑만따롄(浪漫大連)’이라는 말도 뜬다. 랴오닝(遼寧)성의 상업 항구도시 따롄을 선전하는 문구다. 그러니 한·중 양국이 얼마나 한심한가. TV나 책, 거리에 나서도 온갖 간판이나 아파트 이름 등 맨 외국어 천지인데 왜 무엇 때문에 프랑스어 ‘로망’은 그대로 안 쓰고 엉뚱한 일본식 ‘낭만’인지 자다가도 웃음 터질 일 아닌가.

참고로 民主 共和 人民 哲學 등 한자어도 일본이 1868년 메이지이신을 계기로 서양 민주주의와 학문을 대거 수입하면서 창조한 단어들이다.

한자 까막눈의 청소년들에게 묻고 싶다.
'임산부'가 무슨 뜻인지를…

'청소년'이라는 말이 무슨 뜻인가. '청년＋소년'의 복합어가 청소년이고 그들이 청소년들이다. 그런데 '피 끓는 청소년(실제로 끓으면 죽고 말겠지만)' '청소년들이여 포부를 크게 가지라' 어쩌고 하면 말이 되겠지만 '저 청소년은 몸집도 좋고 미남이네' '이 봐요 청소년! 그곳으로 가려면 몇 번 출구로 나가야지?' 따위로 묻는다면 말이 되는가. 한 청년을 가리켜 '청년과 소년' '청년 겸 소년' '청년 아니면 소년'이라고 부른다면 듣는 청년 또는 소년의 기분이 어떻겠는가. 한 번이 아니라 반 번이라도 생각 좀 해 봤는가.

중소기업도 마찬가지다. '전국 중소기업연합회' '경기 둔화, 악화로 숱한 중소기업이 부도를 내고 도산해 문을 닫았다고 한다' 이럴 때는 말이 된다. 중기업과 소기업 연합회 그리고 숱한 중기업과 소기업들이 도산해 문을 닫았다는 얘기니까. 그러나 '저는 서울에서 조그만 중소기업을 운영하고 있는 사람입니다' '저 또한 종업원이 몇 명 안 되는 중소기업을 맡고 있습니다'는 어떤가. 중소기업을 맡고 있다니! 중간치 중기업과 조그만 소기업 두 개를 맡고 있다는 소리인가 뭔가. 그 경우는 '중소기업' 사장이 아니라 '소기업' 사장이다. 소기업이면 소기업이지 '조그만 중소기업'이라니! 그건 마치 작은 사이즈 옷과 중간 사이즈 옷을 함께, 한꺼번에 입을 수도 있다는 소리처럼 들리기도 한다. '중소기업＝중기업＋소기업'이다.

또한 '대기업＋중기업＝대중기업'이란 말은 쓰고 있지 않지만 자산 규모나 인적 자원, 비전이 대기업에 가까운 중기업도 얼마든지 있다. 소기업에 가까운 중기업들이 있는가하면 반대로 대기업에 근접한 중기업들도 있다는 것이다. 다시 말해 중소기업 중의 어느 중기업은 대기업 못지않은 '중상(中上)기업'도 있는가하면 대기업도 소기업도 아닌 어디까지나 중기업다운 중간치 '중중(中中)기업'도 있고 소기업이나 다름없는 '중하(中下)기업' 수준도 있을 거 아닌가.

더욱 웃기는 건 이렇게 말하는 경우다. '저는 어느 지방 중소도시에서 조그마한 중소기업을 운영하고 있는 사람입니다만…' '중소도시'도 마찬가지다. 중도시면 중도시, 소도시면 소도시 아닌가.

그럼 '임산부'라는 말은 어떤가. '임산부'라는 한자는 '姙産婦'다. ▲'임부(姙婦)'와 '산부(産婦)'의 복합어, 합쳐진 말이 '임산부'다. ▲아이를 밴 '임신부'와 ▲아이를 낳은 '출산부'의 합성어가 '임산부'라는 말이다. 그런데도 지하철이나 버스의 임산부 우대석(優待席)—자리 표시 위에는 아이를 밴 만삭의 임신부 그림만 표시해 놓기가 예사다. 한자 까막눈이라 '姙産婦'가 무슨 뜻인지 그 한자를 몰라 '임산부'를 아이를 잉태해 배가 부른 '임신부'로만 알고 있는 탓이다. 임산부 우선, 임산부 우대석에 그림을 표시하려면 아이를 배 배가 부른 임신부와 아기를 낳아 안고 있는 출산부 그림을 동시에 표시해 놓는 게 맞고 옳다는 말이다.

다시 한번 강조하지만 배가 부른 임신부—임부와 아기를 낳은 출산부—산부의 구별이 없이 임신부만이 '임산부'인 줄 알고 ▲임신부를 '임산부'라고 말하는 건 망발이다. 그러니까 '임산부 건강'이나 '임산부 조리' 같은 말은 말이 된다. 임신부와 출산부 모두의 건강과 조리를 뜻하니까. 하지만 ▲'임신 9개월의 임산부 몸으로 등산을 할 수 있겠는가' ▲'방금 아기를 낳은 임산부가 찬바람을 쐬면 해롭다' 따위 말은 망발이라는 거다. ▲'무슨 약 무슨 음료 따위는 임산부의 태아에게 독이다, 해롭다' 따위 표현도 마찬가지다. 이미 아이를 낳은 출산부가 마시는 음료수가 왜 태아에게 독이 된다는 것인가. 임산부가 아니고 임신부의 경우에 그렇다는 것이다.

그런데 ▲2018년 10월 30일자 문화일보 기사가 '임산부 살해 후 뱃속 아기 탈취한 공범 남성에 종신형'이었다. 임신부를 '임산부'로 잘못 쓴 어처구니없는 경우였다. 1998년인가, 그 해 6월 5일 저녁 KBS의 'TV는 사랑을 싣고' 프로를 보다가 웃음이 터졌다. 어느 코미디언의 초등학교 시절 여자 친구를 찾아 TV에 나왔는데 그녀는 이미 결혼을 해 임신 중이라고 했다. 그런데 그 코미디언도 사회자도 약속이나 한 듯이 '임신부'가 아닌 '임산부, 임산부'를 연발했고 문제의 코미디언은 "나의 첫사랑으로 임산부를 찾다니! 오 마이 갓!" 하며 너스레까지 떠는 게 아닌가.

▲2019년 3월 2일 KBS 9시 뉴스 기사는 또 '미세먼지가 임산부의 조산 위험을 높인다'는 것이었다. 그 역시 '임신부'를 '임산부'로 잘못 안 한심한 경우였다.

같은 한자를 쓰는 한자문화권의 일본에도 '임산부(妊産婦:닌산푸)'라는 말은 있고 '임부(妊婦:닌푸)'와 '산부(産婦:산푸)'라는 말도 있다. 임

부를 '하라미 온나(はらみ おんな:아이 밴 여자)'라고 부른다. 하지만 ▲ 중국엔 '임신부→임부(姙婦:런푸)'와 '출산부→산부(産婦:찬푸)'라는 말은 있어도 '임산부(姙産婦:런찬푸)'라는 복합어는 없는 게 신기하다고나 할까. 병원의 '산부인과(産婦人科)'도 중국에선 그냥 '부인과→녀과(女科:뉘커)'라고 한다. 대만에서는 또 중국과 달리 산부인과를 '부산과(婦産科:푸찬커)'라고 부른다.

아무튼 우리 대한민국! 저출산율(低出産率)로 인한 인구 감소야말로 심각한 국가적 난제다. 거리에서 배가 부른 '임산부'가 아닌 '임신부'와 마주치면 크게 손뼉이라도 치면서 격려해 주고 싶다. 가임(可姙) 여성의 걱정 없는 임신과 출산 후의 육아 여건을 정부가 보장해 주는 게 필수다. 개처럼 수태(受胎)두 달 만에, 표범처럼 백일 만에 후딱후딱 새끼를 낳는 것도 아니고 우리 인간 여성이야말로 10개월 동안 뱃속에 태아를 품고 지내야 하는 불편과 거북함, 그리고 출산 때의 진통(陣痛)과 출산 후의 건강 조리, 육아의 고통이야 얼마나 큰가. 그야말로 '임~산부'의 불편과 고통 말이다.

'진검승부'가 대한민국 말인 줄 알고 있는가?

정말 기가 막힐 지경으로 어이가 없었다.

지난 10월 9일(2019년) 한글날 '빨간 날' 노는 날 대낮이었다. ▲ KBS TV에 '양보할 수 없는 진검승부'라는 자막이 크게 떴고 사회자도 '마지막 진검승부' 운운하며 '진검승부'라는 말을 아무렇지도 않게 지껄였기 때문이다. ▲그게 바로 한글날 기념 특별 프로였고 외국인 여성들을 대거 출연시켜 한글 실력을 겨루게 하는 프로그램이었다.

어이가 없었다는 이유는 크게 세 가지였다. ▲첫째는 한글날 기념 프로그램 이름이 '외국 여성들 한글 실력 뽐내기'나 그런 게 아니고 'QUIZ ON KOREA'라는 영자 제목이었다는 점이고 ▲둘째는 한글날 한글 겨루기 프로에 '진검승부'가 순일본말인 줄도 몰랐는지 그 따위 말을 크게 자막으로 띄웠고 사회자까지 '진검승부'라는 말을 입 밖에 냈다는 점, ▲세 번째는 반기문 전 유엔사무총장을 등장시켜 '세종대왕의 휘가 뭐냐'는 문제를 내도록 시킨 그 점이었다.

그냥 '외국인 한글 실력 뽐내기, 겨루기'라는 제목이었더라면 한글날 기념 프로그램으로 썩 어울리지 않았을까. 그리고 무엇보다 ▲'진검승부'라는 말은 순일본말이다. '眞劍勝負(しんけんしょうぶ:신켄쇼부)'는 '眞劍(진검)'과 '勝負(승부)'의 합성어로 목검(木劍)이나 대나무칼(竹劍)이 아닌 진짜 칼로 승부를 겨룬다는 말이다. 즉 '목숨을 건 승부'라는 뜻이다. '眞劍'은 진정, 진지(眞摯)라는 뜻도 있다. '眞劍な態度(신켄나타이도)'는 '진지한 태도'라는 뜻이다.

'진검승부'가 일본말이라는 사실은 지식인의 상식이다. 그런데도 ▲공영방송인 KBS에서 하필이면 한글날 '진검승부'라는 일본말을 큰 자막으로 화면에 띄우고 그것도 모자라 한글날 외국인 한글 겨루기 대회인 그 날의 'QUIZ ON KOREA' 진행자가 또 다시 '마지막 진검승부' 운운 했다는 것은 크나큰 망발이었다. ▲지하의 '쥬시경(주시경)' 선생을 비롯해 1942년 조선어학회사건으로 옥고를 치렀던 장지영 최현배 이희승 이극로 정인승 선생 등이 저승에서 벌

떡 일어나 펄쩍뛸 사건이 아닌가 싶다.

▲周時經선생이 제자 오봉빈에게 준 '나남' 졸업증서엔 '스승 주시경'이 아니라 '스승 쥬시경'으로 씌어 있었다. 그 졸업증서는 이러했다. <나남. 오봉빈. 이는 알에(아래)와 같은 말의 다나를 두 달 동안에 익힘으로 이를 나남함이라. 소리갈 기난갈 짬듬갈 익힘갈. 보성(보성)중학교 안 말의 힘끗 스승 쥬시경>.

▲'나남'이 도대체 무슨 말인가. 필자가 알기로는 '나남'은 함경북도 청진(淸津)시의 지명인 '羅南'밖에는 다른 날이 없다. 우리말 고어(古語)도 아니다. '소리갈'은 음성학(音聲學)이고 '익힘갈'은 '익히는 학(學), 논(論)'이라지만 '기난갈, 짬듬갈, 말의 다나'는 또 무슨 뜻인지 알 수가 없다.

▲조선어 익히고 지켜내기 운동의 비조(鼻祖) 같은 분이 주시경 선생(1876~1914)이지만 본명은 '주상호(周相鎬)'였다. 그런데 주시경의 '주'를 '쥬'로 성씨를 바꾼 까닭은 또 무엇이었던가. '조선어학회'라는 학회 명칭도 '배달 말글 몰음'→'한글 모'→'조선어 강습원' 등 몇 단계를 거쳐 1931년 1월 정해졌다지만 도무지 알 수 없는 말이 '배달 말글 몰음'의 '몰음'이고 '한글 모'의 '모'다. 우리말엔 '몰음'이

라는 게 없고 '모'도 '모퉁이, 뫼, 산'의 고어가 '모'지만 '한글 모'라니?! 최근 상영됐던 영화 제목이기도 한 '말 모이'의 '모이' 또한 무슨 뜻인지 알 길이 막연하다. '모이'라면 '닭 모이' '모이 먹다'의 그 '모이'밖에 우리말에 없고 고어에도 없다.

한글날 기념 외국인 상대 프로그램에 반기문 전 유엔사무총장을 출연시켜 '세종대왕의 휘가 뭐냐'고 묻게 한 것도 망발이다. ▲대관절 '세종대왕의 휘'를 알고 있고 기억하고 있는 대한민국 국민이 몇 명이나 될 것인가. 아마도 국사학자나 세종대왕 업적 연구 등 직접 관련자 소수(少數) 외에는 거의 없을 것이다. 그 '세종대왕의 휘'를 한국의 대표적인 공영방송인 KBS가 외국인 출연 퀴즈 쇼의 외국인에게 묻다니 기가 찰 일이 아닌가.

▲'휘'가 뭔가. 돌아간 높은 어른의 이름 글자를 가리켜 '휘자(諱字)'라고 한다. 한자의 본고장인 중국의 '諱(후이)'자는 '꺼릴 휘'자다. 기휘(忌諱), 금기(禁忌)라는 말 또는 그런 일이 '휘(諱)'라는 것이고 옛날 제왕 또는 윗사람 이름이 '諱'였다. 그런데 우리 국어사전엔 세종의 '휘'가 '도(祹)'라고 씌어 있고 한자사전엔 祹가 '복(福) 도, 상서로울(吉祥) 도'자로 되어 있다. 그러나 정작 중국 사전엔 祹자가 없으니 웬 까닭인가.

그 한글날 외국인 상대 한글 실력 겨루기 대회에서 '진검승부' 자막을 띄우고 '마지막 진검승부' 운운한 KBS가 그 외국인 여성들에게 '진검승부가 무슨 뜻의 말이냐'고 묻지 않은 것만도 다행인지 모른다. 언론사의 상식 수준이 한심하기 이를 데 없다. ▲일본어를 우리말인 줄 알고 무심코 쓰는 단어는 '진검승부' 외에도 다수다. 올림픽 등 스포츠 중계 때마다 들리는 소리가 또 '간발의 차로 금메달을 놓쳤다'느니 어쨌다느니 하는 그 '간발의 차'라는 말이다. 그건 '칸잇파쓰노사(間一髪の差)'라는 순 일본말이다. '머리카락 하나 차이'라는 뜻이다. '기라성(綺羅星)'도 일본말이다. 일본어 '키라보시(きらぼし)'가 '綺羅星'이다. '반짝이는 별'이라는 뜻이다. '顯官が綺羅星のごとく並ぶ(켄칸가 키라보시노 고토쿠 나라부→현관(顯官:높은 벼슬)이 기라성처럼 늘어서다)'라는 말도 있다. 현숙의 노래에 '그 사람의 십팔번'이라는 게 있지만 '십팔번'도 '쥬하치방(十八番:じゅうはちばん)'이라는 순 일본말이고 유감스럽게도 노래가 아닌 연극이다. 이 밖에도 일본어를 우리말로 잘못 알고 쓰는 예는 다수다.

그런데 우리 ▲한글에 대해서는 어처구니없는 오해가 있고 진실의 왜곡이 있다. 일본 제국주의자들의 조선 식민지 지배 35년

(1910~1945) 동안 조선의 한글만을 말살했던 게 아니다. 우리말의 표기 수단(한글과 한자) 중 하나인 한글만을 없애려 했던 게 아니라 당시 조선어(한국말) 자체를 없애려 했던 것이다. ▲한글만을 쓰지 못하게 한 게 아니라 아예 한국말 자체를 입 밖에 내지 못하게 했다는 말이다.

일제는 초등교육부터 일본어로만 가르쳤고 그렇게 배웠다. 당시 초등학교 격인 심상소학교(尋常小學校:진죠쇼갓코)에서 무심코 한국말을 입 밖에 냈다가는 벌을 받았다. 그러다가 일제 식민지로부터 감격적인 해방을 맞이했던 것이다. 그러니까 1945년 8월 15일은 한글만이 아니라 한국어 자체를 되찾은 날이었다. 따라서 ▲10월 9일 '한글날'은 '한국어 날'—'국어의 날'이라고 부르는 게 타당하고 합당하고 온당하고 지당하다.

▲한글('큰 글'이라는 뜻)이라는 말은 주시경 선생이 별세하기 한 해 전인 1914년(일제 병합 5년째) 처음 쓰기 시작했고 1926년 11월 4일 (음력 9월 29일) 훈민정음 반포 480주년에 조선어학회 인사 100여명 이 모여 그 날을 경절(慶節)로 하자며 결정한 날이 '가갸날'이었다. 그 가갸날이 '한글날'로 바뀐 것은 1928년이었고 1932년부터 기념

일로 정해졌다가 10월 28일→10월 9일로 확정된 건 일제 광복 이 듬해인 1946년부터였다. ▲북한에선 '한글날'이 아니고 '조선 글 날'이고 날짜도 10월 9일이 아닌 1월 15일이다. 그것만 봐도 남북 은 이질화(異質化)가 굳어질 대로 굳어진 것이다.

어쨌든 ▲한글이 세계 300여종의 문자와 전혀 닮지 않은 독창 적이고 과학적인 뛰어난 문자임은 전 세계가 인정한다. 만약 한글 이라는 간략한 문자의 한국어 표기 수단이 없었다면 어찌했을까. 중국이 1950년대부터 복잡한 한자 획 수를 확 줄인 간자(簡字)를 만 들어 사용하고 있듯이 우리도 그에 앞서 한자 간자를 만들었을지도 모른다. 그래서 중국이 간자를 만들어 쓰기 시작한 1950년대 그 이 전의 번자(繁字) 시절에 부러워했던 게 바로 한글이라는 문자였다.

미국 메릴랜드 대학의 동아시아언어문화학과 교수로 한국어를 수십 년간 가르쳐온 로버트 램지(Ramsey) 교수도 2009년 10월 6일 워싱턴 한국대사관에서 '한글은 세계에서 가장 뛰어난 문자'라고 말했고 '일찍이 중국이 한글을 도입했다면 쉽게 배우고 쓸 수 있었 을 것'이라고 말했다. 중국뿐이 아니다. K팝 등 한류(韓流) 붐으로 인 해 한글을 배우고 있는 나라는 동남아 각국뿐만 아니라 남미 대륙, 아프리카까지 다수다.

　　그러나 ▲한글만을 쓰자는 한글전용 법률을 1948년 제정한 것은 성급했고 2005년 1월 공포한 '국어기본법'에서 한자를 외국 문자로 규정한 것은 무지의 소치였다. 우리의 한자는 중국서 왔지만 글자의 발음도 뜻도 다르고 모양도 다르다(중국의 간자로 인해). 우리의 한자는 '漢字'가 아니라 '韓字'다.

　　▲한글 표기엔 결정적인 단점이 있다.

　　무엇보다 한글은 한자와 달리 단일성 문자로 조어력(造語力)이 제로다. 예컨대 '사상'이라는 말의 한글 표기는 그냥 '사상' 하나일 뿐이다. 하지만 '사상'의 한자 표기는 史上 四相 四象 死狀 死相 死傷 私商 私傷 私償 泗上 事狀 事相 事象 使相 砂上 思想 捨象 絲狀 寫像 蛇床 寫象 등 21개를 헤아린다. 그러니까 한글 '사상'은 단어 앞뒤로 수식어가 붙어야만 그게 무슨 '사상'인지 그 말뜻이 살아나지만 한자 '사상'은 21개 단어가 각각 모양새도 뜻도 달라 한 눈에 알 수 있다. 앞뒤 수식어가 필요 없이 그 단어 자체의 뜻이 표출돼 있기 때문이다. 한글은 또 둘, 돌, 들 등 시각적으로도 불분명하다.

　　▲한글은 고유한 우리 문자 이름이지 한국말이라는 언어가 아니다. 우리말의 70%가 한자어고 나머지 고유어 중에도 다수의 단

어가 한자에서 유래했다. '사랑'이라는 말부터가 '思量(사량)'에서 왔고 '가난'도 '艱難(간난)'에서, '사냥'도 '山行'에서 왔다. 한글과 한자는 병용하는 게 이상적이다. 세종대왕은 한자를 버리기 위해 한글을 만든 게 아니다. 우리말의 쉬운 표기 시스템(script)을 창조한 것이지 우리말 언어(language) 자체를 만든 게 아니었다.

그러니까 고유명사만이라도 주민등록증처럼 이름의 한글을 한자와 병기하는 게 좋다. ▲서울에 특파된 중국과 일본, 타이완 등 한자문화권 국가의 언론인은 한국인의 이름 등 고유명사 표기를 못해 기사 작성에 무진 애를 먹는다. 한자 고유명사를 표기해야만 뉴스 기사의 작성과 송고(送稿)가 가능하기 때문이다. ▲2014년 10월 인천 아시안게임 폐막식 참석차 북한 최고위급 인사인 김양건 황병서 최룡해 등이 왔었다. 그런데 '황병서'가 일본 신문들엔 '黃炳瑞'로, 중국 언론은 '黃炳誓'로 표기했고 뉴욕타임스엔 '황퓽소(Hwang Pyong-So)'로 실렸었다. 서울 특파원들이 각각 그렇게 다르게 써 보낸 모양이다. 얼마나 웃기는가.

그런가하면 1956년 한국 대통령 선거 때의 신익희(申翼熙) 선생 이름이 선거 벽보엔 '신익히'였다. '희'가 아닌 '히'였다. 일국의 대통령 후보 이름을 잘못 쓰다니, 한심한 족속 아닌가. 그런데 '히'라는 한자는 정작 중국어사전에 없고 우리 한자사전에는 '아파서 끙끙거릴 히(尸밑에 米자가 붙은)'자 등 네 개의 '히'자가 있다. 그러나 '신익히'의 '히' 외에는 한국인 이름에서 '히'자를 찾아보기는 어렵다. 하지만 북한엔 '히'자가 들어간 이름이 쌨다. ▲김일성대학 1회 졸업 앨범 사진엔 '김히동' '원만히'가 보이고 1997년 9월 총살당한 북한 농업상(농림장관)도 '서관히'였다.

고유명사(固有名詞)란 글자 그대로 굳어져 있어서 바꿀 수가 없는 고유한 명사다. ▲호적의 한자 이름을 한글로 바꿔 적는 건 고유명사를 변용(變容)시키는 행위고 그런 명사는 고유명사가 아니고 변형(變形)명사다. 그런 한글 이름에선 온갖 나쁜 뜻의 한자부터 연상된다. 그 수많은 예는 이미 이 책에서 제시한 바 있다. 한글 전용은 있을 수 없다. 한글과 한자를 병용함으로써 서로의 장점은 살리고 단점은 보완하는 게 상책이다.

중국과 일본 언론은 한국의 10월 9일 한글날 기사를 쓸 수가 없다. 왜? '한글'이라는 글자의 표기가 불가능하기 때문이다. ▲중국에선 '한글'을 '韓文(한원:한문)' 또는 '韓字(한쯔:한자)'로 표기하고 일본에선 'ハングル(한구루)'라고 쓸 수밖에 없기 때문이다. 얼마나 웃기는

일인가. 일찍이 한글학자 최현배씨가 '비행기(飛行機)'라는 말을 '날틀'로 바꾸고 '이화여자대학교(梨花女子大學校)'를 '배꽃계집큰배움집'으로 바꿔 부르자고 주장했던 억지만큼이나 웃기지 않는가.

'변명 말라' '시종일관 변명만 늘어놓느냐'는 그 '변명'이 무슨 뜻인가.

'변명'이란 '거짓 대답'이고 '거짓 해명'이고 '핑계대기'에다가 순발력 있게 둘러대기…그런 뜻이고 그런 입놀림이고 그런 작태인가. 국어사전에 실린 '핑계'라는 말뜻만 봐도 흥미롭다. '①다른 일을 방패막이로 내세움 ②잘못된 일을 다른 일의 탓으로 돌리어 말함'이 핑계라는 것이고 '핑계가 좋아 사돈네 집에 간다' '핑계 없는 무덤이 없다' '핑계 핑계 도라지 캐러 간다'는 등의 속담도 있다.

'핑계를 삼다'는 말엔 또 ▲'차탈피탈(此頉彼頉→이 탈, 저 탈) 이 핑계 저 핑계 댄다'는 말도 있고 ▲'천산지산'이라는 말도 있다. '이 말 저 말 둘러대며 여러 가지 핑계를 늘어놓는 모양'이 천산지산이다. '구실(口實)'은 또 뭔가. 뭔가 핑계 삼을 밑천이 구실이다.

그런데 선천적(?)으로 차탈피탈 천산지산 핑계 삼을 구실 대기에 능한 인간이 따로 있고 순발력 있게 거짓말 둘러대기, 그런 임기응변에 뛰어난 뻔뻔하고도 능글맞고 징그러운 인간이 따로 있지 않나 싶다. 검찰에서 검사가 범죄 혐의자를 밤새워 심문해도 그렇고 국회 인사 청문회에서 국회의원들이 장관 등 고관 후보자에게 따져 물어도 뻔뻔스럽기 그지없는 얼굴들이 따로 있다. 몰랐다, 모르겠다, 잘 모르겠다, 전혀 몰랐다 등 모르쇠 일관이기 쉽고 시종일관 얼렁뚱땅 둘러대기, 핑계대기 일관이기 쉽다.

▲엊그제(2019년 9월 6일) 국회 인사 청문회의 어느 장관 후보자도 딸이 대학에서 장학금을 여러 번 탔어도 자신은 '전혀 몰랐다'고 했고 아내인 대학교수가 남편의 위세를 둘러업고 문서 위조 등 부정 압력을 행사했어도 자기는 몰랐다고 잡아뗐다. 표리부동, 후안무치의 2중 인격 3중 인격자의 그 낯 뜨거운 변명의 적나라한 모습이 가관 아니었던가. 그래도 임명권자는 사흘 뒤 그에 대한 임명을 강행했고 그런 인간에 대한 찬사와 신망이 변할 줄 모르니 기가 막힐 일 아닌가.

그런데 이 세상의 모든 뻔뻔한 인간들이 능청맞게 둘러대는 변태적 거짓말과 핑계의 그 '변명'이라는 말을 한자로는 어떻게 쓰는 것으로 알고들 있을까. 대부분의 지식인이 '辯明'으로 알고 있고 그렇게 쓰고 있다. 심지어 ▲'변명은 과실(過失)을 더욱 부풀린다(셰익스피어)' '지성인은 결코 변명을 하지 않는다(에머슨)' '변명은 장식된 거짓에 불과하다(영국의 극작가 존 포드)' 등 유명한 말들의 '변명'도 같은 뜻의 '변명'으로 알고들 있다. 게다가 ▲L씨의 문장백과사전을 비롯해 세계사대사전, 세계문학대사전 등에도 '辯明'으로 실려 있다.

그러나 우리 ▲국어사전의 '변명'이라는 말은 '辯明'이 아니고 '辨明'이다. '辯明'이라는 말은 국어사전에 없다. '①사리를 분별하여 똑똑히 밝힘 ②잘못이 아님을 사리로 따져 밝힘'이 辨明이라는 말뜻이다. '둘러대는 거짓과 회피, 핑계'로 알고 있는 '辯明'과는 글자부터 다르다. 辯은 '말 잘할 변'자고 辨은 '가릴 변, 나눌 변'자다. 그러니까 인간 사회에서 사라져야 할 것이 '辯明'이라면 꼭 필요하고 반드시 필요한 건 '辨明'이다.

▲아테네 법정에 선 소크라테스의 뜨거운 혀도 辨明을 위한 것이었고 야유나 비난, 교권(敎權)의 박해에 맞선 코페르니쿠스나 갈릴레오의 열변(熱辯)도 辨明을 위한 것이었다. ▲법정의 논죄(論罪), 그 예리한 논고도 그렇고 변호인이 피의자의 혐의점을 조목조목 낱낱이 '혐의 없음'으로 밝힘으로써 죄인의 누명을 벗겨주는 것 또한 '가

려서 밝히는' 辨明이다. 그렇다면 비난받고 회피해야 할 건 '辯明'이지만 인간 사회에 꼭 필요하고 박수 받아야 할 건 '辨明' 아닌가.

▲일본어에도 변명은 '辨明(벤메이)'이라는 말밖에 없다. '사리를 분명히 가리어 밝힘, 잘못이 아님을 따져 밝힘'이라는 뜻이고 '辨證(헨쇼:변증)'이라는 말과도 통한다. '판별하여 증명함, 논변하여 증명함'이 '헨쇼'다. '辨解(벤카이:변해)'라는 말 역시 '辨明'이라는 뜻과 같다. '辨明'의 辨은 '辨(가릴 변, 나눌 변)'자의 일본식 약자(略字)다. 그런데 일본에서도 '일신상의 변명이나 변명서(辨明書)의 '변'자는 한국에서처럼 辨이 아닌 辯자로 알고 있고 그렇게 통하고 있다는 게 별나다고나 할까.

어이없는 건 또 ▲'훼장삼척(喙長三尺)'이라는 우리말 사자성어다. '주둥이가 석자라 할지라도 변명할 수 없다'는 말이고 '허물이 드러나서 숨기어 감출 수가 없다'는 뜻이다. 이 말뜻의 '변명'은 물론 요리조리 핑계대고 구실을 대며 잘못을 회피하는 '辯明'이지 '사리의 옳고 그름을 분명히 가리고 밝힌다'는 긍정적인 뜻의 '辨明'이 아니다. 그러니까 '변명'이라는 잘못된 말뜻으로 만들어진 어이없는 사자성어가 바로 '훼장삼척' 아닌가. 喙가 '주둥이 훼, 부리 훼'자다. 사람의 입을 속어인 '주둥이(주둥아리)'라고 했고 새의 부리(주둥이)로 비하한 것이다. '용훼(容喙)'라는 말의 바로 그 喙자다. '용훼'가 무슨 뜻인가. '①입을 놀림 ②곁에서 쓸데없이 말참견을 함'이다.

'훼장삼척'이라는 말과 뜻이 비슷한 ▲중국어의 '백훼막변(百喙莫辯:바이후이모삐엔)'이라는 말 또한 웃긴다. '입이 백 개라도 변명할 수 없다'는 뜻이다. 이 사자성어의 말뜻 속 '변명'도 잘못을 요리조리 회피하고 둘러대는 변명이지 시비를 분명히 가리고 밝히는 辨明이 아니다.

그런데 중국어의 '변명'이라는 말만은 의외로 한국어나 일본어의 '변명' 뜻과는 다르다. 중국에선 '辨明'이라는 말과 '辯明'이라는 단어가 거의 같은 뜻으로 쓰이고 그렇게 통한다. '辨明'과 '辯明'의 발음도 '삐엔밍'으로 같고 뜻도 거의 비슷하다. 辨明은 '분명하게 가리다(밝히다), 식별하여 분명하게 하다, 사실의 진상을 분명히 밝히다, 시비를 분명히 가리다'라는 뜻이고 '辯明' 역시 '분별하여 똑똑히 밝히다, 사리를 밝히다'는 뜻이기 때문이다. 다만 중국어의 '辯明'이란 말엔 둘러대고 회피하는 그 변명, '변명의 여지가 없다(沒有辯明的餘地:메이여우삐엔밍더위띠)'는 그런 '변명'의 뜻이 포함돼 있을 뿐이다.

'辯正(삐엔정:변정)'이라는 말도 '辨正(삐엔정)'처럼 '시비를 따져 바로 잡다'로 뜻이 같다. 그러나 가리다, 분별하다, 판별하다, 식별하다는 뜻의 단어는 단연 '辨'자 돌림이 다수다. 辨別(삐엔삐에), 辨認(삐엔런:변인), 辨析(삐엔시:변석) 등.

'초미의 관심사'라는 게 도대체 어떤 관심사인가?

지난 10월(2019년) 22일 낮 TV조선을 비롯한 모든 TV 방송이 약속이라도 한 듯이 일제히 ▲'정경심 동양대 교수가 구속되느냐 마느냐가 초미의 관심사'라고 보도했다. 그 이튿날인 23일에도 하루 종일, 밤까지도 TV에서는 '정경심 교수의 구속 여부가 초미의 관심사'라는 말이 넘쳐났다. ▲조국 전 청와대 민정수석~법무장관의 아내 정경심이 구속이냐 아니냐 법원 판단이 '초미의 관심사'라는 것이다. 송경호 서울중앙지법 부장판사가 영장을 심사, 그날 밤사이에 구속 여부가 판가름 나기 때문이다.

그런데 ▲정경심 교수의 구속영장을 청구한 서울중앙지검 3차장도 '송경호'였고 영장을 심사하는 서울중앙지법 판사도 '송경호'

라고 했다. 이름자의 한자까지도 똑같은지는 몰라도 아무튼 한글 표기 이름은 '송경호'로 문제의 두 사람이 같았다. 그 점 또한 '초미의 관심사'였고 정경심 교수 구속 여부라는 '초미의 관심사'에 상승 작용을 한 게 두 사람 이름이 같다는 그 점이었다.

도대체 ▲'초미의 관심사'라는 말이 무슨 뜻인지 알고들 있는가. '초미(焦眉)'란 '눈썹에 불이 붙은 것처럼 매우 위급함'이라는 뜻이다. 흥미로운 관심사 따위가 아니다. 매우, 대단히 위급함이다. 그래서 초미지위(焦眉之危), 초미지액(焦眉之厄)이라고 한다. 焦가 '탈 초'자, 眉가 '눈썹 미'자다. 그래서 '焦眉'다. 상상을 해 보자. 눈썹에 불이 붙은 얼굴을! 단말마(斷末魔)의 비명소리와 함께 0.1초가 다급해 몹시 허둥거릴 거 아닌가. 그건 그냥 보통의 관심사 정도가 아니라 위급함이다. 발등에 떨어진 불이 아니라 눈썹에 떨어진 불이고 눈썹에 붙은 불이 바로 '초미'라는 말이다. 그런데도 언론이 '초미'가 무슨 뜻인지도 모르고 남발하다니!

▲중국어에도 '焦眉之急(쟈오메이즈지:초미지급)'이라는 말이 있다. '눈썹에 불이 붙는 것처럼 매우 급박함'이라는 뜻이다. 일본어의 '焦眉(쇼비)'도 위급하다는 뜻이다. 단연코 '초미의 관심사'가 아니다. '비상한 관심사'나 '대단한 관심사' 그런 말로 대체하는 게 옳다.

어쨌거나 언론의 말투대로 따르면 드디어 지난 10월 23일 한밤
중에 세인의 '초미의 관심사'였던 정경심 교수에 대한 구속영장이
발부됐고 그 동안 '곱빼기로, 세 배로 초미의 관심사'였던 ▲정경심
의 얼굴이 24일 조간신문에 드디어 공개되자 세인의 '초미의 관심
사'가 일제히 그녀의 얼굴 생김새에 집중됐다. '도대체 어떻게 생긴
여자인지 궁금했는데…' 모두가 한 마디씩 했다.

하지만 그날 이후 TV엔 여전히, 그리고 줄곧 그녀의 얼굴이 뿌
옇게 모자이크 처리된 채여서 그렇게 배려해야만 하는 이유가 나변
에 있는지, 다른 모든 범죄 혐의자와 형평성엔 맞는 것인지 그 또한
'초미의 관심사'였다. 그 10월 24일 조간신문에 드러난 조국의 아내
정경심 교수의 얼굴에 대해 관상학자들 역시 비상한 관심, '초미의
관심(?)'을 보였다. 조국의 얼굴이 역삼각형(▽) 비슷한데 반해 정경
심의 얼굴은 거의 사각형 꼴이어서 아주 대조적이라는 것이다.

이른바 ▲KS 마크(경기고~서울대) 출신의 수재에다가 언론인, 기
업가 출신이기도 했던 인상학자(人相學者) 윤명중은 그의 저서 '얼굴
의 미학'에서 '턱이 네모진 사람은 집념이 강하고 남한테 지기 싫어
하는 성격이다. 그리고 한 번 당한 수모나 굴욕적인 일은 결코 잊지

를 못 한다'고 썼다. 그렇다면 과연 조국의 아내 정경심 교수의 성격도 그러할까, 그 또한 초미의 관심사가 아닐 수 없다.

'존경심(尊敬心)'과 발음이 비슷하게 들리는 '정경심' 교수는 당초 TV에 비친 그 첫 번째 모자이크된 모습부터 시청자의 '초미의 관심사'였다. ▲그녀가 양 팔뚝에 차고 있는 물건은 틀림없이 손목시계로 보이는데 양쪽 모두 손목시계가 맞다면 어떻게, 왜 손목시계를 양팔에 찰 수가 있을까 그 점부터 세인의 '초미의 관심사'였지만 대학교수라는 중년부인이 미니스커트를 입고 있는 모습도 거의 낯설 뿐더러 언뜻 납득하기 어려웠을지도 모른다. 그런데 두 팔로 한 아름 잔뜩 껴안고 있는 서류는 또 무엇이며 그걸 왜 그렇게 끌어안고 어디를 가려고 했던 것인지 그 또한 시청자의 '초미의 관심사'였다.

그런데 조국은 계속 아내의 건강 상태가 안 좋다고 말했고 자기 집이자 정경심 집 압수수색 때도 당시 법무장관인 조국이 압수수색 현장의 검사에게 전화를 걸었고 '아내의 건강이 안 좋으니까 압수수색을 살살 좀 해 달라'고 당부했다. 세상에 검찰의 압수수색이라는 것도 마구 사정없이 하는 게 있고 사정 봐 주며 살살 하는 그런 압수수색도 따로 있다는 것인가 뭔가. 그랬는데 ▲정경심 변호인단은 그녀의 건강이 경미한 정도로 나쁜 게 아니라 뇌종양에다가 뇌경색 진단을 받았다며 검찰 수사를 보류해 달라고 했다. 뇌종양이라면 그게 얼마나 무서운 병인가. 미국의 거물 정치인 존 매케인(McCain) 상원의원이 작년(2018년) 8월 사망한 병명도 바로 뇌종양 아니었던가. 원로배우 김보애도 2017년 10월 뇌종양으로 사망했다.

　▲뇌종양(腦腫瘍)이라면 글자 그대로 뇌 속에 종양(혹)이 생기는 무서운 병이다. 뇌경색 역시 뇌 속의 핏줄이 막혀 일시에 언어가 마비되고 핏줄이 막혀 죽는 난치병 아닌가. 하지만 검찰에 구속된 정경심이 걸어가는 겉모습은 멀쩡해 보였다. 오른쪽 안대(眼帶)는 왜 또 했는지 눈병까지 났는지 그 점 또한 세인의 '초미의 관심사'였지만 병명이 밝혀지지는 않았다. 정경심의 동생 역시 목 보호대를 두른 채 휠체어를 타고 검찰에 나타나 '형과 형수는 죄가 없다. 내가 모두 책임지겠다'며 형제간 의의를 과시했다. 그러나 조국의 5촌 조카는 조국 동생과는 달랐다. '나를 사기꾼으로 몰다니, 화가 난다'며 분개했다.

　그런데 어떻게 해서 한 가족이 공범 혐의로 검찰 수사 대상이 됐는지 그 점부터 세인의 '초미의 관심사'가 됐고 조국의 검찰 출두 시

점, 그리고 그의 구속 여부야말로 더더욱 '초미의 관심사'가 아닐 수 없고 그 부부가 나란히 구속되느냐 마느냐 또한 '초미의 관심사'다.

무엇보다 '초미의 관심사'는 ▲당초 조국을 청와대 민정수석 비서관 자리에 불러들여 앉힌 문 대통령 심중(心中)이었고 대통령의 주요 인사에 대한 사전 검증에 내리 실패했는데도 조 수석에게 전혀 책임을 묻지 않은 점, 책임을 묻기는커녕 오히려 그가 가장 검찰개혁을 잘 이끌어 줄 법무장관 자리에 적격이라며 임명 강행에 대한 집념을 버리지 않은 점, 그리고 국회청문회에서 조국, 그에 대한 허물과 비리가 양파껍질처럼 끝이 없이 벗겨져도 아랑곳하지 않고 기어이 법무장관 임명장을 준 점 등이야말로 세인의 관심거리였고 ▲도대체 조국과 문재인, 두 사람 관계가 무엇이고 어떠하길래 그토록 조국을 싸고돌 정도로 끈끈하고도 단단한가 하는 그 점부터가 '초미의 관심사'가 아닐 수 없었다.

문 대통령은 10월 22일 국회 연설에서도 '조국' 소리는 한 마디도 꺼내지 않았다. 조국인지 뭔지 그로 인해 민심이 '모세의 기적' 그 푸른 바다처럼 크게 갈라졌고 계속 갈라지고 있는데도 문 대통령은 조국 사태에 대해 일언반구도 없었고 그 전 날 종교지도자들을 청와대로 초청한 자리에서도 민심의 분열은 정치 탓이라며 책임을 전가했다. 좌우 진영의 대립과 갈등 문제는 학계까지 번졌다. 한국정치평론학회에서는 10월 25일 '상식과 화해의 정치, 그리고 국제관계'라는 세미나를 열고 조국 사태로 빚어진 민주주의의 위기를 환기시켰다. 그러나 문 대통령은 오불관언이었다.

▲뻔뻔스런 후안무치(厚顔無恥)와 파렴치(破廉恥)의 표본이 바로 조국이라는 게 중론이고 세평 아닌가. 중국어에도 '낯가죽이 두껍다'는 말이 있다. '臉厚(리엔허우:겸후)' 또는 '臉皮厚(리엔피허우:겸피후)'라고 한다. 臉은 '뺨 겸'자다. 한국 한자사전엔 '겸'자가 아닌 '검'자로 나와 있다. 일본어에도 '낯가죽(面皮:멘삐→멘피)이 두껍다'는 말이 있다. 조국, 그가 아내 정경심 교수의 검찰 구속 첫날 바로 아들과 함께 구치소로 면회를 가자 등 뒤에서 수군거리는 소리가 바로 '낯 한 번 두껍다'였다지 않던가.

조국이 얼마나 강심장의 대단한 인간인가 하는 그 점은 그가 ▲ 청와대에 법무장관 사표를 낸 지 20분 만에 서울대 법대 교수 복직 신청을 했고 복직 2일 만에 강의도 안하고 월급 480만원을 타갔다는 그 사례만으로도 짐작이 가능하지 않을까. 시간당 아르바이트로

학비를 버는 가난한 서울대 학생들이 억울해서 '서서 울 서울대'의 불공평한 사안이 아닌가. 그런 월급을 준 서울대는 또 뭐란 말인가. 강의도 안한 교수에게 월급을 준다는 건 '무 노동 무 임금' 원칙에 어긋나는 것 아닌가. 하긴 방학 동안에도 교수들에게 꼬박꼬박 월급은 주게 돼 있다지 않던가.

아무튼 불가사의한 세상사에다가 '초미의 관심'거리 천지다. 그런데 ▲정경심 교수 변호인단이 18명이나 된다는 점이야 그들의 변호사라는 직업상 그럴 수밖에 없다지만 '정경심은 죄가 없다! 즉각 풀어주라!' '조국을 수호하자!'는 서초동 촛불집회 시위꾼들의 구호는 또 뭐란 말인가. 구속영장 담당 판사를 향해 인신공격을 마구 퍼붓는가하면 조국과 절친하다는 작가 공지영은 '조국은 눈뜨고 도륙을 당했다'고 말했다. '도륙(屠戮)'이라니! 언어를 다루는 작가가 어찌 그런 무서운 말을 할 수 있다는 것인가. '잡을 도(屠)'자에다 '죽일 륙(戮)'자다. 가축처럼 마구 잡는 게 '도륙'이다. 모두 무찔러 죽이는 게 '도륙'이고 옳고 그름을 묻지 않고 깡그리 죽이는 게 도륙이다.

▲'정경심은 죄가 없다'니! 검찰이 제시한 그녀의 혐의만도 11가지고 딸의 동양대 총장 표창장을 위조했다는 그 한 가지 사례만 해도 보통 사람의 가슴에서 뛰고 있는 보통 사이즈의 염통으로

는 엄두도 못 내고 상상도 못하는 비리에다가 범죄가 아닌가. 그런 조국의 아내 정경심 교수와 조국의 동생, 그리고 오촌조카 등 조국 가족과 일가에 대한 검찰의 기소에 대해 박지원 의원, 조선시대 연암(燕巖) 박지원(朴趾源)을 연상케 하는 그 이름의 박의원은 '조국 일가에 대한 기소는 과잉기소 아닌가. 사람 냄새나는 결정을 하기를 기대한다'고 했고 노무현재단 이사장 유시민, '流市民'이라는 글자를 떠올리게 하는 유씨는 '검찰이 정경심 교수를 구속시켜 놓고 하루걸러 부른다는 건 괴롭히는 것'이라고 말했다.

여기서 ▲'조국'이라는 이름 좀 보자. 조국 씨를 '조국'이라고 한 글로만 적으면 미안한 상상이지만 밀가루 국이나 수수 국 또는 메밀 국 국물이 아닌 조로 쑨 국물인 '조국'을 떠올리게 한다. 하지만 그의 한자 이름은 '曺國'으로 알려져 있다. 그런데 본래든 원래든 중국 한자에는 '曺'라는 글자가 없다. '曺'가 아니라 '曹'다. 발음은 '차오'고 복수를 나타내는 '무리 조'자다. '또래'를 가리킨다. '吾曹(우차오:우조)'는 '우리들'이라는 뜻이고 '爾曹(얼차오:이조)'는 '너희들'이라는 뜻이다.

▲무엇보다 중국 '삼국지'의 위(魏)나라 왕 조조(曹操)의 그 '曹'씨

가 曹자다. 타의 추종을 불허했던 권모술수 '권모(權謀)의 대명사'가 조조였지만 한편 시문에도 능해 당대 으뜸의 문장가였다. '曹馬(차오마:조마)' 하면 또 '위(魏)나라와 진(晉)나라'를 가리킨다. 魏는 조조의 천하였고 서진(西晉)은 사마염(司馬炎), 동진(東晉)은 사마예(司馬睿)의 천하였기 때문이다.

또한 주대(周代)의 국명에도 '曹'가 있었다. 중국에서는 또 소송을 할 때 원고와 피고를 '兩曹(량차오:양조→최근엔 兩造:량자오)'라고 부른다. 아무튼 曹가 아닌 曺, 조국의 조씨는 한국에서만 통하는 글자의 성씨다.

▲어쨌거나 조국과 정경심 부부의 신병(身柄)이 어떤 처지에 놓이게 될까 그 점이야말로 '초미의 관심사'가 아닐 수 없다. 그와 함께 참으로 오랜 동안 TV 화면에 뿌옇게 모자이크 처리되었던 조국의 가족 모두의 민낯 얼굴들이 고스란히 드러날 수 있을까, 그 시점은 언제쯤일까 하는 궁금증 역시 '초미의 관심사'다. 우리 국민 5천여만 중 2천만~3천만의 눈썹에 일제히 불이 붙는 '초미(焦眉)의 사태'가 벌어진다면 어떻게 될까. 2천만~3천만 눈썹들이 일제히 타는 노린내, 그보다는 더욱 소중한 눈알들을 데지는 않을까.

그런데 그보다도 더 크고 거창한 세인의 관심사, 초미의 관심거리가 있다면 무엇일까. 바로 2019년 연말 결산 '국내 10대 뉴스' 가운데 톱으로, 첫 번째로 '조국 대란(大亂)'이 꼽히느냐 마느냐 하는 바로 그 점이 아닐까.

굉장한 미인이 만든 굉장히 맛있는 요리는
어떤 요리인가?

한자 까막눈들의 '굉장하다' '굉장히'라는 말 또한 가관(可觀)뿐 아니라 '가청(可聽)'이다. 차마 눈으로 못 봐줄 정도인 동시에 차마 귀로 못 들어줄 정도이기 때문이다.

'이 꽃 이름이 뭐지? 굉장히 예쁘네' '그 집 음식 먹어봤는데 굉장히 맛있어' '그 식당 아줌마가 굉장히 미인이래' '그녀의 친정집은 굉장히 가난했대' '나는 굉장히 가난한 집안에서 태어났어' '어린 시절 나는 굉장히 고생했어' '걸어가기엔 굉장히 먼 거리야' '뭐 꽤 멀다고 그러더니 굉장히 가깝네' '이 열차 굉장히 빠르네. 시속 몇㎞라고 했지?' '동네가 굉장히 조용하고 깨끗하네' '에어컨 냉방이 굉장히 시원하네' '야! 이 드레스 굉장히 비싸네' '그 한약 맛 굉장히 쓰대' '이 아이스크림 굉장히 다네' '이불 촉감이 굉장히 부드럽네' '그

할아버지 귀가 굉장히 밝으셔’ ‘북녘 땅의 밤거리는 굉장히 어두워’ 등. 이 밖에도 ‘굉장히 어렵다, 굉장히 쉽다’ ‘굉장히 붐빈다, 굉장히 막힌다’ ‘굉장히 까다롭다’ ‘굉장히 복잡하다’ 등 끝도 없다.

이런 식, 이런 투로 ‘굉장히, 광장하다’라는 말을 남발해도 괜찮 다는 것인가. 한자 까막눈들이 ‘굉장히’의 ‘굉장’이라는 글자 뜻을 알면 놀랄지도 모르고 ‘굉장히’라는 말을 남발해온 자신이 민망해 질지도 모른다. 우리말사전은 ‘굉장(宏壯)’이라는 말을 ‘너르고 크고 으리으리함’이라고 풀이한다.

한자의 본고장인 중국어사전을 봐도 ‘宏壯(훙주앙)’은 ‘클 굉(宏)’ 자에다가 ‘씩씩할 장(壯)’자다. 규모 따위가 ‘엄청나고 막대하고 장 엄하고 웅장하다’라는 뜻이라고 했다. 예컨대 ‘굉장한 빌딩(宏壯的大 廈:훙주앙더따사)’ 등이 바른 표현이라는 것이다. ‘宏’자 돌림의 중국어 어휘를 좀 더 봐도 ‘굉대(宏大:훙따)’는 ‘웅대하다 거대하다 방대하다’, ‘굉구(宏構:훙꺼우)’는 웅대한 건축, ‘굉활(宏闊:훙쿠어)’은 ‘넓고 넓다’는 뜻이다.

또한 ‘굉장하다’의 ‘장(壯)’자 돌림 어휘를 봐도 ‘장활(壯闊:주앙쿠 어)’은 ‘웅장하고 넓다’는 뜻이고 ‘장려(壯麗:주앙리)’와 ‘장미(壯美:주앙메 이)’는 ‘웅장하고 아름답다’는 뜻이다. 일본에서도 ‘宏壯(코소)’은 ‘廣

壯(//)'과 같은 뜻으로 쓰이고 두 단어 모두 '넓고 크고 훌륭한 것'을 뜻한다. 그래서 웅장하고 으리으리한 저택을 '宏壯な邸宅(코소나데이타쿠)'이라고 한다. '宏大(코다이)'가 넓고 크다는 뜻이다.

그렇다면 '웅장하고 으리으리한 저택' 외에 무엇이 또 굉장한 것인가. '굉장하다'는 말이 제대로, 뜻에 맞게 격에 맞게 쓰이는 예를 들어 보자. 동서고금을 통틀어 '굉장한' 건축물의 대표 격은 아마도 ▲중국 진(秦)나라 시황(始皇)의 아방궁(阿房宮)이 아닐까 싶다. 1만 명을 수용했을 정도로 크고 화려해 '호화롭게 큰 집'의 대명사가 돼버린 궁전이 바로 아방궁이 아닌가. ▲영국 왕실의 원저 궁이나 프랑스의 베르사유 궁전, 바티칸시티의 바티칸 궁전 등도 '굉장'한 집의 대표 격이다 ▲이집트의 3각 금자탑(무덤)인 피라미드야말로 또한 '굉장한' 규모다. 기저(基底)—밑바닥 면적이 13에이커(1에이커는 4천47㎡)에다가 높이가 146m나 된다고 하지 않던가. ▲인공위성에서도 '내려다보인다'는 황당한 거짓말이 그럴 듯 통하기도 했던 중국의 만리장성은 또 어떤가. 그 성의 길이가 서울~부산 거리의 열 배는 된다니까.

▲현대에 이르러 우후준순처럼 하늘을 찌르는 고층빌딩들도

굉장하고 웅장하고 거창한 모습 그대로다. 지난 6월(2019년) 말 한국에 온 트럼프 미국 대통령이 '위대한 탑'이라며 찬탄했다는 잠실 롯데월드타워를 비롯해…. 글자 그대로 하늘을 긁는(skyscraper) 마천루(摩天樓)들 아닌가. 하지만 높이가 555m나 되는 123층의 롯데월드타워는 세계 6위의 마천루 랭킹에 불과하다. 5위는 중국 선전(深圳)의 핑안(平安)금융센터로 599m, 4위는 사우디아라비아의 로열시계타워호텔로 601m, 3위가 중국 상하이(上海)타워로 632m, 2위는 아랍에미리트 두바이의 부르즈 칼리파(Burj Khalifa)로 829.84m, 1위는 사우디 제다의 무려 1007m다. 사우디에 세계 1위와 4위의 마천루가 버티고 있는 것이다.

▲지난 4월(2019년) 화재가 난 파리의 노트르담 성당, 로마의 성 베드로성당, 세비아, 다낭, 세인트폴 대성당 등 전 세계 대성당들과 불교 대 사원, 다마스쿠스 대 모스크 대 사원, 시리아 우미이야 대 사원 등 사원들, 그리고 실내체육관, 문화회관 등 웅장한 건축물 또한 전 세계에 얼마나 많은가. 모두가 '굉장하다'는 수식어에 적격이다.

▲아, 미국엔 '큰 바위 얼굴'이라는 거대한 바위 조각도 있다. 사우스다코타 주 러시모어(Rushmore)산 바위 절벽에 새겨진 'the Great Face Stone' 말이다. 바로 미국 초대 대통령 조지 워싱턴을

비롯해 토머스 제퍼슨, 데오도어 루스벨트, 에이브러햄 링컨 등 4명의 얼굴과 상체의 소상(塑像)이 새겨져 있다. 그런데 그 바위의 높이가 18m라고 하지 않던가. 바로 그런 미국의 '큰 바위 얼굴'들이야말로 '굉장한' 얼굴들 아닌가. 그야말로 거창하고도 '굉장한' 거인 얼굴들이다.

'굉장하다'는 수식어가 붙어 제격인 건축물의 예는 이리도 많고 또 많다. 그런데도 우리 한자 까막눈들은 '굉장하다'는 말을 어떻게 쓰고 있는가. 뭐 '음식이 굉장히 맛있다'고? '굉장한 미인'이라고? 그럼 그 미인은 키가 50m 정도에다가 얼굴 직경이 5m 쯤이라도 된다는 것인가. 고대 이스라엘의 다윗과 골리앗, 그 거인 골리앗도 키가 몇 십m 정도로 '굉장히' 크지는 않았다.

▲일본에도 어처구니없는 사례는 있다. 바로 타케시마(竹島)라는 젊은 남자 가수다. 한국의 섬 독도를 자기네 땅이라고 주장, 지명 또한 '獨島'가 아닌 '竹島'로 부르고 있는 것이다. 그런데 그 타케시마라는 성씨의 가수 이름이 '히로시(宏)'로 굉장하다는 그 '宏'자다. 보통 키에다가 뚱뚱하지도 않은 몸집인 그 젊은 가수의 이름이 '굉장하고 웅장하고 너르고 크다'는 '宏'이라니! 얼마나 웃기는가. 다행

히도 우리 한국인의 이름들 중에는 '宏'자가 들어간 예를 아직 이 책 저저는 보지도 듣지도 못했다.

'굉장하다, 굉장히'라는 말을 자신들이 얼마나 어처구니없게 잘못 쓰고 있는 줄을 깨달아 안다면 그 느낌이 어떠할까. IT 강국인 한국에서 '한국 전자 IT 산업 융합전시회'가 열린 때는 2019년 1월 29일이었고 장소는 서울 동대문디자인플라자(DDP)였다. 전 세계 165개국 4600여 기업이 전자 IT 가전 혁신 제품을 출품했고 그 전시회에서 한국 제품들이 대단한 호평을 받았다고 언론들이 보도했다.

▲그 전시회를 문재인 대통령도 참관했고 특히 삼성전자와 LG전자, SK텔레콤 부스를 둘러본 문 대통령이 "굉장하다, 상상의 끝"이라며 감탄, 찬사를 아끼지 않았다고 했다. '굉장'하다니? 뭐가? 전시된 정밀 전자 제품들이 그렇게 웅장하고 거창하고 넓고도 컸다는 것인가 무슨 소리였나. 그런데 문 대통령의 그 엉터리 감탄과 찬사를 일본의 아베(安倍) 총리가 고깝게 여기기라도 했던 것인가. 2019년 7월 1일 한국의 수출 주력산업인 반도체 제품의 중요 부품 수출을 차단하겠다고 선언하자 난리가 났다.

▲(2019년) 7월 11일 국회 대정부 질문에서는 이낙연 국무총리

가 답변에 나섰다. 그런데 '개각 인사 때 코드 인사나 회전문 인사를 하지 말고 탕평인사를 하라'는 박지원 의원 건의에 대해 이 총리가 답했다. "장관 자리를 거절하는 분이 굉장히 많아 고충이 크다"고. '굉장'히 많다니!

▲같은 날 KBS 9시 뉴스에서 모 대학 교수는 또 일본의 메모리 반도체 부품 수출 규제에 대해 "한·일간에 굉장히 큰 빅 딜이 이뤄져야 한다"고 말했다. ▲7월 13일 저녁 KBS의 '동네 한 바퀴'에서 진행자 김영철은 200년 된 한옥에 들렀다가 자못 감탄한 표정으로 말했다. "굉장히 오래된 한옥이네요!" ▲7월 15일 밤 KBS '우리말 겨루기'에서는 또 진행자인 엄지인 아나운서가 출연자들인 국회의원 8명을 향해 "의정 활동에다가 아이 키우랴 굉장히 바쁘신 걸로 아는데…"어쩌고 했다. 기가 막힐 일이다. 명색이 우리말을 전문적으로 다룬다는 TV 프로그램이거늘 사회자가 '굉장히'라는 말뜻도 모른다는 것인가.

'굉장한 미인' '굉장히 맛있는 요리' '배가 굉장히 고프다, 아프다' '그 옷 굉장히 싸다, 비싸다' '굉장히 춥다, 덥다'에다가 심지어는 '키가 굉장히 작다'는 어이없고 어처구니없는 말까지 생각 없이 남발한다. 고대 이스라엘의 거인이었던 골리앗보다도, 그리고 미국의 '큰 바위 얼굴'들보다도 큰 사람이 '굉장'한 거인이건만 키가 아주 작은 사람을 가리켜 '키가 굉장히 작다'고 말하다니….

그렇게 말하는 사람들, '宏壯'이라는 글자가 무슨 뜻인 줄도 모르는 그 한자 까막눈들에게 단단히 일러두고 싶다. 18세기 영국 작가 조나단 스위프트(Jonathan Swift)의 풍자소설 '걸리버 여행기'에 나오는 그 난장이들을 가리켜 제발 '키가 굉장히 작다'고는 말하지 말기를…. 그리고 한자 까막눈들에게 간곡히 말해두고 싶다. '대단히' '상당히' '매우' '아주' '퍽' '많이' '되게' '꽤' '되우' '된통' '무척' 등 '굉장히'라는 말과 대체할, 대신할 말은 많다고. 그러니 알지도 못하면서 '굉장히'라는 말 좀 함부로 쓰지 말기를….

安全事故? '안전 불감증' 때문에 '안전사고'가
일어난다는 것인가

사고만 났다 하면 언론에 빗발치는 말이 '안전사고'다. 그런데 '安全事故'라는 말이 대체 무슨 뜻인가. 한자 겉모양만 보면 다름 아닌 영락없는 '安全한 事故'다. 사고는 사고지만, 사고는 났지만 손톱 구석 하나 다친 사람이 없는 사고가 안전하고 완전하고 온전하고 완벽한 안전사고라는 그 말인가. 국어사전엔 '사고(事故)'라는 말 자체가 '평시에 없는 뜻밖의 사건'이고 '탈(頃)'이라고 했다. 배탈이 났다, 무슨 탈이 났다고 할 때의 그 '탈'이다. 그렇다면 사고 자체가 나서는 안 되는 탈이고 사단(事端)이고 사변(事變)이고 변고(變故)에다가 사건 아닌가. 그런데도 '안전사고'—'안전한 사고'라니?

세상 천지에 '안전한 사고'란 있을 수 없다. '안전'하면 사고가 아니고 안전이면 그걸로 됐고 그걸로 끝이 아닌가. 그런데도 '안전상의 사고가 안전사고'라는 해괴한 말이 아무렇지도 않다는 듯이 통하고 있지 않은가. 이런 '안전사고' 말뜻 풀이를 비롯해 이미 최근의 국어사전에까지 '안전사고'라는 단어가 실려 있지 않나 싶다. 가로되 '공장이나 공사장 등에서 안전교육의 미비 또는 부족 따위로 일어나는 사고'가 안전사고라는 것이다. 예컨대 여름철 물놀이 안전사고, 낙뢰 안전사고 등이라는 거다. 영어로는 negligent accident(태만한, 부주의한 사고)라지만 그건 말 그대로 '태만한, 부주의한 사고'지 '안전사고'는 아니다.

안전사고, 안전한 사고는 인간 세상에 없다. '안전사고'가 아니라 그냥 '사고'다.

그런데도 컴퓨터 검색 창엔 '안전사고' 목록이 수두룩하다. ▲학교 안전사고 예방 및 보상에 관한 법률 ▲안전사고 예방 ▲여름철 안전사고 ▲안전사고 예방 방법 ▲안전사고 사진 확보 숙제 도우미 ▲안전사고 예방 구체적 추진 방법 ▲안전사고 예방과 응급처치 ▲안전사고 예방하기 체크리스트 ▲안전사고 환경 분쟁 관리 총람 등.

다시 한 번 강조하지만 '안전사고'가 아니라 그냥 '사고'다. 안전사고? 그럼 왜 사고 현장은 '안전사고 현장'이라고 말하지 않고 그냥 ‘사고 현장’이라고 하나? 해괴하기 짝이 없는 말이 ‘안전사고’다. 그럼 ‘사고사(事故死)’도 ‘안전사고사(安全事故死)’라고 말해야 할 거 아닌가. 사고를 낸 사람도 그냥 ‘사고자’가 아닌 ‘안전사고자(安全事故者)’고 사고 주(분실, 도난, 유실 등의 사고가 있는 주식)도 ‘안전사고주(安全事故株)’라고 말해야 할 터이고….

　　같은 한자를 쓰는 중국에도 물론, 그리고 당연히 ‘事故(스꾸)’라는 말은 있다. ‘사고의 근원’을 ‘事故苗子(스꾸먀오쯔:사고묘자)’라 하고 ‘의외의 사고나 사정’은 ‘事故由子(스꾸여우쯔:사고유자)’다. 그러나 ‘安全事故’라는 해괴망측한 말은 중국에 없다. ▲비상구→‘安全門(안취엔먼)’ ▲안전 방지를 위한 방법과 설비→‘安全工程(안취엔꿍청:안전공정)’ ▲safety valve(安全瓣:안전판)도 엉뚱하게 ‘安全閥(안취엔파:안전벌)’이라고 부르지만 安全事故라는 말은 없고 쓰지 않는다. 중국에선 또 ▲안전성냥→‘安全火柴(안취엔후어차이:안전화시)’ ▲콘돔→‘安全套(안취엔타오:안전투)’이고 군대에서는 ▲착탄(着彈) 거리 밖의 안전지대를 ‘安全界(안취엔지에:안전계)’라고 하는 등 별나게 말해도 ‘安全事故’라는 말은 쓰지 않는다.

　　그런가하면 중국에선 ‘편안 安’자를 유달리 강조한다. ▲‘安安

頓頓(안안뚠뚠:안안돈돈)'→편안하다, 편안히' ▲安安穩穩(안안원원:안안온온)→평온하다, 편안히 ▲安安心心(안안신신)→안심하다, 마음 놓다 등.

일본에서도 ▲안전유리(安全琉璃)→안젠 가라스 ▲안전개폐기, 두꺼비집→安全器(안젠키) ▲안전면도→安全剃刀(안젠카미소리:안전체도) 등이다. 剃가 '머리 깎을 체'자다. ▲안전판 안전밸브는 安全弁(안젠벤)이고…. 안전판의 '판'은 '瓣'자가 맞지만 일본에선 瓣자와는 전혀 다른 글자인 '弁(변)'자를 '瓣(판)'자의 약자로 쓰고 있는 것이다. 瓣은 '꽃잎 판'자, 弁은 '고깔 변'자다. 따라서 발음도 '안젠한(安全瓣)'이 아닌 '안젠벤(安全弁)'으로 잘못 쓰고 있는 것이다. 그런데 일본 역시 중국처럼 '安全事故'라는 말은 없고 쓰지 않는다. 한·중·일은 같은 한자를 쓰고 있는 한자문화권 국가다. 그런데 '安全事故'라는 한자어를 한국만의 쓰고 있다는 것은 언어미개국 탓 아닐까. 망발이다.

인간은 '사고 공포'로부터 벗어나 숨쉴 자유가 있다. '인간에게 보장되어야 할 네 가지 자유(four freedoms), 즉 네 가지 기본적 자유가 △언론과 발표의 자유 △신교(信敎)—신앙의 자유 △궁핍으로부터의 자유 그리고 △공포로부터의 자유'라고 말한 사람은 저 유명한 미국의 32대 대통령 루스벨트였다. 그가 1941년 1월 6일 미국 의회에 보낸 제74회 연두교서에서 한 말이 '인간의 네 가지 기본적 자유'였고 그 중 하나인 공포로부터의 자유 중 하나가 바로 '사고 공포로부터의 자유'이기도 하다.

1933년부터 4회 연속 대통령을 지낸 프랭클린 루스벨트는 이른바 뉴딜(New Deal)정책으로 대공황을 극복했기 때문에 국민들에게 '공포로부터의 자유'를 보장한 셈이었다. 그러나 그런 미국을 비롯한 인간 사회에서 사고는 떠나지 않고 사고 공포로부터 해방될 날은 영영 없을 것이다. 인간이 사고 예방을 위해 아무리 애를 써도 소용이 없다. 복차지계(覆車之戒)라는 말이 있다. 앞서 가던 수레가 넘어지는 것을 보고 뒤의 수레는 미리 경계하여 엎어지지 않도록 한다는 뜻으로 앞 사람을 거울삼아 뒷사람은 실패하지 말라는 것이다.

그러나 아침에 눈만 뜨면 온갖 사고 소식이 들린다. 안전사고가 아니다. 무사한 사고, 사고도 아닌 그런 안전사고가 아니라 사람이 다치고 죽는 그런 사고 소식 말이다. 그런데 안전경성(安全傾性:accident proneness)이라는 노동계 용어가 있다. 노동 재해에 있어서 특히 다른 사람보다 많은 재해를 입거나 사고를 일으키기 쉬운 경향이 있는 개인의 특성을 가리킨다. 주로 1910년대 영국의 산업 피로

(疲勞) 연구소에서 연구자들이 쓴 말이다. 하지만 그런 특성을 가진 인간이든 아니든 지상의 모든 인간이 사고의 공포로부터 완전히 벗어날 길은 지구가 망하는 끝장의 그날까지도 영영 없을 것이다.

그런데 '안전사고'라는 엉터리 말과 함께 또 하나 엉터리 용어로 된통 웃기는 말은 바로 '안전 불감증'이다. 각종 사고가 꼬리를 물고 빈발하는 이유가 바로 안전 불감증 때문이라는 것 아닌가. 국어사전에까지 '안전 불감증'이라는 말이 등재된 모양이다. '모든 것이 안전할 거라고 생각하며 위험은 없다고 생각하는 사람들에게 나타나는 증상'이 '안전 불감증'이라는 것이다. 영어로는 safety frigidity라고 했다. frigidity는 '냉담, 쌀쌀함, (여성의) 불감증'이라는 뜻이기 때문에 '안전 불감증'을 safety frigidity라고 하는 건 좀 어폐가 있는 것 같지만 아무튼 '安全 不感症'이라는 말의 한자를 보면 '안전, 안전함을 느끼지 못하는 증세'가 안전 불감증이다.

'症'이 '증세 증'자다. 질병의 증상이 症이다. 몸의 질병이 어떤 상태를 보이느냐, 또는 어떤 느낌으로 나타나느냐, 어떤 증세를 보이느냐의 그 '증세 증'자로 질병의 신호가 바로 症이다. 중국에선 불치의 병을 '不治之症(뿌즈즈정:불치지증)'이라고 한다. 따라서 症이란 곧 病이고 '증세'란 곧 '병세'다. '症候(징허우:증후)' 또한 질병이다. 그러니까 안전 불감증이란 '안전을 느끼지 못하는 병'이고 안전 불감증이 곧 '안전 불감병(不感病)'이다. 그런데 빈발하는 사고, 잇단 사고가 바로 안전 불감증 때문이고 안전 불감병 때문이란 말인가.

'안전사고(안전한 사고)'라는 말도 있을 수 없는 엉터리 말이고 해괴하기 짝이 없는 말이지만 그 안전사고가 빈발하는 원인이 '안전 불감증' 때문이라는 것도 말이 안 된다. 사고와 사고가 꼬리를 무는 건 안전함을 느끼지 못하는 증세, 그런 병인 안전 불감증 때문이 아니라 안전과 안전함을 너무 느끼고 지나치게 느끼는 안전 과신증(過信症) 때문이고 안전 중독증 때문이고 불치의 안전 도취증(陶醉症) 때문이다. 다시 말해 안전 불감증 때문이 아니고 도무지 사고의 위험을 느끼지 못하는, 그래서 위험과 위태로움에 대비하지 못하는 '위험 불감증' 탓이다. 그 증세가 바로 '괜찮아 괜찮아, 걱정 마, 염려 마'의 천하태평 증세, 그런 병이고 사고를 염려하는 주변의 걱정을 오히려 '사고 노이로제가 아니냐'며 놀려대는 그런 무심태평 병이다.

직접 식사, 직접 배설, 직접 섹스, 직접 수면,
직접 사망, 직접 또 뭔가?

세상에 직접 먹지를 않고 간접 먹을 수가 있나? 직접 화장실에 들어가 직접 배설하지 않고 누구를 시켜 간접 배설을 할 수가 있나? 직접 섹스가 아닌 간접 섹스, 직접 수면이 아닌 간접 수면은 또 가능한가? 직접 사망은 또? 간접 사망이 있을 수 있나? 버스도 직접 타지 않고 간접으로 타고 출근도 직접 하지 않고 간접으로 하고 일도 직접 하지 않고 간접으로 하고 휴식도 직접 취하지 않고 간접적으로 취하고 성공도 자기가 직접 하지 않고 간접으로 하고 싸움도 직접 하지 않고 간접으로 하고 병도 직접 앓지 않고 간접으로 앓고 입원도 직접 하지 않고 간접으로 하고…. 그리고 직접 또 뭘, 무얼 한다는 것인가.

▲'직접'이라는 말이 넘쳐난다. 꽤 잘난체하는 사람일수록 '제

가 직접 그 현장에 다녀왔습니다'라고 말한다. '저도 그 집회에 직접 참가해 봤습니다' '저도 직접 그 꼭대기까지 올라가 봤습니다' '저도 직접 그 분을 만나 뵌 적이 있습니다' '저도 직접 그 집 요리를 시식(試食)해 본 적이 있습니다만…' '저도 직접 겪어봐서 잘 알고 있지만…' '저도 그 화제의 책을 직접 읽어 본 적이 있습니다' 등등.

▲옛날 양반 귀족들은 무엇이든 손수 하지를 않고 몸소 친히 하는 것이라고는 거의 없었다. 그들은 거의 궁행(躬行)을 하지 않고 친행(親行)을 하지 않았다는 것이다. 몸소 실행하는 게 궁행이고 스스로 친히 하는 게 친행이건만 그런 궁행, 친행과 그런 거조(擧措)→행동거지(行動擧止)라는 게 거의 없었다.

원시적인 일부 동작을 제외하면 대역(代役) 대필(代筆) 대변(代辯) 등 거의 모든 행작(行作)을 타인, 즉 하인들이 척척 대리해 주던 시절 아니었던가. 길이 1m가 넘는 장죽(長竹→긴 담뱃대)을 입에 문 채 윗목의 재떨이를 아랫목으로 가져오기 위해 측간(뒷간→화장실)에 앉아 있는 하인을 소리쳐 부르는가 하면 코앞의 문갑(文匣) 속에 들어 있는 족보를 꺼내오라고 목청을 돋우기도 하던 시절이었다.

이 일화는 너무나 유명하다. ▲1908년 어느 날 탁지부(度支部·

지금의 기획재정부 격)의 한 고관인 탁지협판(度支協辦→차관 격)이었다던 가 아무튼 높은 벼슬과 높은 체통을 겸비한 한 어른께서 이 땅에 처음으로 들어와 조성된 한성부(漢城府) 미창동의 테니스코트에서 땀을 뻘뻘 흘리며 테니스 경기에 열중하고 있었다. 그 광경을 참으로 희한하다는 듯이 두루마기 고름과 갓끈을 펄럭이며 물끄러미 지켜보던 어느 촌로(村老)가 점잖게, 그러나 힐난조로 따지듯이 물었다.

"아니, 그렇게 고된 일을 왜 하인을 시키지 않고 몸소 하느라고 그리 힘들어하시오?"

요즘도 명칭과 호칭이 비서진과 '비서관'으로 달라졌을 뿐 옛날의 하인 격인 그런 공직자가 단연 많기로는 ▲청와대(靑瓦臺)—'푸른 기와집'이 아닌가 싶다. 그러나 그 푸른 기와집의 하인 집단은 거의 모든 세인이 부러워하는 선망의 대상이 되고 있지 않은가. 어쨌건 대통령은 연설문 하나, 경축사 한 장 직접, 몸소, 손수, 친히 안 쓰고 대신 써 주는 비서관이 따로 정해져 있고 웬만한 정책 발표 등도 직접, 몸소, 손수, 친히 하지 않고 대신 발표해 주는 대변인이 정해져 있다. 외국 국가 원수와의 정상회담이나 기타 회담 등도 통역관이 해주니까 할 줄 아는 외국어가 몇 마디 있다고 해도 굳이 직접, 몸소, 손수, 친히 할 필요가 없다. 또한 외출 때나 출국 때의 모든 행동

거지도 몸소 하고 손수 하고 친히 직접 할 필요가 없다.

여기서 말이지만 ▲'대변인'이라는 그 직책의 명칭, 호칭은 좀 이상하다. 중국에선 '代辯人(따이삐엔런:대변인)'이라고 하지 않고 '代言人(따이이엔런:대언인)' 또는 '發言人(파이엔런:발언인)'이라고 한다. 그 이유가 뭘까. 일본에선 또 대변인을 'スポ―クスマン(스포쿠스만→스폭스망)'이라고 한다. 영어 spokesman(대변인)의 일본식 발음이다. 아무튼 우리말 '대변인'의 '대변'은 어감이 안 좋다. 영어로는 '대변인'을 또 마우스피스(mouthpiece)라고도 부른다. 관악기를 연주할 때 입에 대는 부분을 가리키는 말이고 속어로는 '주둥이'다.

그런데 ▲2019년 9월 28일 모 신문 1면 머리기사 제목이 '文대통령이 직접 검찰 절제하라 압박'이었다. 마우스피스 대변인을 시키지 않고 몸소 손수 친히 직접 압박했다는 것이다. 무슨 국가 중대 발표도 아니고 웬만하면 대변인을 통해서 압박할 것이지 뭐가 그리도 급박하고 시급해서 몸소 손수 친히 직접 대통령께서 검찰을 향해 '절제하라'고 압박을 했다는 것인가.

▲도대체 '검찰의 절제'라고 하면 그게 무슨 소린가. '권력의 충견(忠犬)'인 검찰 사냥개도 상대 인간을 봐가면서 눈치껏 확 물어뜯

든지 아니면 적당히 살짝 물어뜯는 시늉만 하든지 그리 하라는 말 뜻인가 뭔가. 알맞게 조절(調節)하는 게 '절제(節制)'라는 말의 뜻이라고 하지 않던가. 그렇다면 권력의 충견한테도 과연 그런 절제 자생 능력이 있기는 한 것인가.

역설적으로 말하면 검찰이라는 권력 기관은 결코 권력의 '충견'이 아닌 공정한 '맹견(猛犬)'이어야 하고 상대를 봐가며 물어뜯는 그런 고약한 '절제 능력(?)'은 없어야 하는 것 아닐까. 바꿔 말해 권력엔 아부하고 '절제(?)'의 꼬리를 흔드는 대신 퇴락(頹落)한 권력이나 힘없는 서민에겐 사정없이 달려들어 맹렬하게 물어뜯는 그런 충견, 그래서 결국 선량한 인사를 자살의 막다른 골목으로 몰아넣기도 하는 그런 악독한 충견은 있을 수도 없고 있어서도 안 된다. 그런 검찰이야말로 3등 하류 국가에나 존재하는 것 아닌가. 충견은 충견이되 오직, 오로지 나라를 위한 충견, 국민을 위한 충견이어야 하고 그런 한결같은 정도(正道)로 가는 충견이어야 하는 거 아닌가.

그러기 위해선 무엇보다 검찰의 '절제' 따위를 벗어나는 검찰권의 독립이 필수다. 검찰 개혁도 검찰 독립이 먼저다.

그런데 여기서 의문스러운 게 있다. ▲문 대통령이 청와대에서

‘검찰의 절제’든 뭐든 비서진이 작성해준 a4 용지 원고를 읽어가며 무언가 발언하는 경우는 몸소 손수 친히 ‘직접’ 발언하는 것인가 아니면 50%~30% 정도만이 ‘직접 발언’인가. 또한 외국 국가 원수와의 정상회담 때도 마찬가지다. 상대국 원수는 a4 용지 원고 한 장 없이 자연스레 말하는데 문 대통령은 준비되어 휴대한 a4 용지 원고를 하나하나 읽어가며 말을 하거나 아니면 그 a4 용지 원고를 탁자에 올려놓고 힐끔거리며 말하지 않던가.

그런 정상회담이라는 것도 직접 정상회담이 맞나. 아니면 (원고 작성 비서관을 대신해 a4 용지 원고를 대독하는 경우니까) 50%만 직접 정상회담인가 50% 간접 정상회담인가. 더구나 아들 같은 나이의 젊은 상대국 대통령까지도 a4 용지 원고 한 장 없이 상체를 젖혀가며 의젓하고도 느긋하게 말하건만 문 대통령은 그 앞에서 상대적으로 아무렇지도 않다는 것인가 무엇인가.

국어사전의 ‘직접(直接)’이라는 말뜻은 ‘중간에 매개나 거리 간격이 없이 바로 접함’이라고 했다. 반대로 ‘간접(間接)’은 ‘중간에 매개를 통해 연락되는 관계’라는 거다. 그런데 ▲간접범(타인을 이용한 범죄 행위), ▲간접사격(간접조준에 의한 사격), ▲간접손해(간접으로 입는 손해), ▲간접전염(공기나 물 등으로 인한 질병 전염), ▲간접점유(대리 점유), ▲간접화법(남의 말을 전할 때 인칭, 시제 등을 고쳐 자기말로 전하는 話法) 등 '간접' 돌림 단어는 60여 개에 이르고 ▲'직접' 돌림자의 단어는 직접경험, 직접노동, 직접발생, 직접분열, 직접추리, 직접화법 등 70개가 넘는다. 그만큼 '직접'과 '간접' 돌림 용어는 각각 많고 그 중에도 '직접' 돌림의 용어가 더욱 많기는 하다.

그런데 '직접'의 直은 '곧을 직'자, 接은 '사귈 접'자다. 가까이하다, 접근하다, 접촉하다는 뜻의 글자가 '接'이다. 중국어엔 ▲直接領導(즈지에링다오:직접령도)라는 말도 있다. '영도'가 아니고 '령도'다. ▲直接會晤(즈지에후이우;직접회오)→직접회견. '會晤(후이우)'는 '만나다, 회견하다'는 뜻이고 晤는 '만날 오'자다. 우리말의 '會晤'도 기자회견 등의 그 '회견(會見)'이라는 뜻이다. ▲直接工資(즈지에꿍쯔:직접공자)→직접임금. 직접 받는 보수. ▲直接賓語(즈지에삔우:직접빈어)→직접목적어. '賓語'가 '손님의 말'이라는 뜻이니까 '直接賓語'는 '직접손님의 말'이라는 뜻이다.

일본어에도 直接經驗(초쿠세쓰케이켄:직접경험) 直接發生(초쿠세쓰핫세이:직접발생) 直接行動(초쿠세쓰코도:직접행동) 등 直接(초쿠세쓰) 돌림의 어휘는 거의 한국어처럼 많다. 그러나 모두 30개 미만이다. 한국어 '직접' 어휘의 절반 이하다. 중국어의 '直接' 돌림 단어도 30개에 못 미친다. 같은 한자를 쓰는 한·중·일 한자문화권 3국 중 한국에만 유달리 '직접' 돌림의 단어가 중·일보다 두 배로 많은 이유가 무엇인가.

한국이 이웃 중·일 두 나라보다 그만큼 더 대리동작에 의한 대리문화(代理文化)의 주역, 즉 간접주의 신봉자가 많았다는 증거인가 뭔가.

▲직접 태어나 직접 먹고 직접 배설하고 직접 성장해 직접 성공하고 직접 출세하고 직접 늙어 앓다가 직접 죽는 생로병사 과정이 모두가 직접 아닌가. 그걸 누가 어떻게 누구를 시켜 '간접'으로 바꿀 수 있다는 것인가. 간접 출생? 간접 배설? 간접 성장? 간접 병고(病苦)? 간접 사망? 그런 간접 생로병사 과정이 가능한 것인가.

그런데도 ▲한·중·일 3국 중 한국만이 유독 '직접' 돌림 단어가 중·일보다 두 배 이상 많은 이유가 무엇인가. 가급적이면, 가능한 한 몸소 하고 손수 하고 친히 하는 행동거지를 꺼리고 피하던 귀족문화 탓인가 양반문화 그런 탓인가.

'성폭행'이 무슨 뜻인가. '性'이라는 글자 뜻을 알기나 하는가?

'성폭행'이라는 말이 어느 누구의 그럴 듯한 구개(口蓋)를 들추면서 돌출하기 시작한 말인지는 몰라도 바로 그에게 묻고 싶다. '성에 대한 폭행, 성을 향한 폭행이라는 그 성폭행의 性자가 도대체 무슨 뜻의 글자인지 알기나 하느냐'고.

▲중국 한자사전의 '性(싱)'자 뜻과 그 '性'자 뜻을 분류한 순서를 보면 다음과 같다. ①성격 본성 기질 성질, 성선설(性善說) 성악설(性惡說)의 性 ②(물질의) 성질 성분 성능 특성 ③효력 ④(동사) 화내다, 성을 내다 ⑤주로 명사 뒤에 붙어서 사상, 감정을 나타내는 민족성 모험성 민첩성 융통성 ⑥(생식의, 성의) 성교, 성생활, 성 기관(性 器官) ⑦(성별) 남성 여성 웅성(雄性) 자성(雌性) ⑧양성(陽性) 음성(陰性) 중성(中性) 등.

　　그러니까 이 여덟 가지로 분류된 모든 '性'에 대한 모든 폭력이 '성폭력(性暴力)'이고 그 모든 폭행이 바로 '성폭행(性暴行)'이다. 그렇다면 세상에서, 주로 언론에서 떠들어대는 '성폭행'이라는 말은 위에 분류된 수많은 '性' 중 구체적으로 어느 性에 대한 폭행이라는 말인가. 누군가 즉각 답할 수 있을까. 물론 ⑥번과 ⑦번 아니냐고 할지 모르지만, 다시 말해 여성에 대한 남성의, 자성(雌性)에 대한 웅성(雄性)의, 음성(陰性)에 대한 양성(陽性)의 성폭행과 성폭력이 아니냐고 답할지 모르지만 꼭 그렇지는 않다. 썩 드물긴 하지만 남성에 대한 여성의, 웅성에 대한 자성의, 양성에 대한 음성의 성폭행과 성폭력도 있지 않은가.

　　그러나 위에 8가지로 분류된 모든 '性'에 대한 폭력과 폭행도 있을 수 있고 그런 폭력과 폭행 역시 '性暴行'이고 '성폭력'이다. 중국어의 ▲마음씨, 품성, 성질을 뜻하는 그 '性地(싱띠:성지)'에 대한 폭행, 그 나쁜 마음과 성질 등에 대한 폭행도 폭행일 수 있고 ▲노하고 화를 내는 性起(싱치:성기), 성을 내고 노하고 성욕을 일으키는 '性發(싱파:성발)'에 대해 '왜 화를 내느냐'며 가하는 폭행도 있을 수 있지 않은가. 또한 ▲남의 성격과 성정(性情)인 性氣(싱치:성기), 남의 성정(性情)과 성질인 性子(싱쯔)에 대한 폭행은 어떤가. 그 또한 가능하다.

하지만 중국어에 '性暴行(싱바오싱)'이라는 말은 없다. '성폭행'이 아니라 '强姦(치앙지엔:강간)'이다.

'쇼' '세이' '사가' 등 세 가지로 발음되는 ▲일본어의 '性' 또한 여러 가지로 분류된다. ①성질 기질 ②타고남 천성 본성 ③체질 ④품질 ⑤남녀, 자웅의 구별. 섹스 ⑥성욕, 생식 ⑦음양도에서 목화토금수(木火土金水)의 오행(五行)을 사람의 생년월일에 배당한 것. 예컨대 '미즈(水)의 성→水性' 등. ⑧불교에서 이르는 만물의 본체(本體). 이 중 '性暴行(쇼보코)'이라고 한다면 ⑤번과 ⑥번 性의 폭행으로 한정지을지 모르지만 ①~⑧번 모든 性의 폭행 또는 性에 대한 폭행도 폭행이라고 할 수 있다. 그런가하면 속세의 풍습인 나라와시(習わし)도 '性'과 같은 의미로 쓰인다.

그런데도 여성에 대한 남성의 성적 폭력만이 성폭행이란 말인가. ▲일본어 역시 '性暴行'이라는 엉터리 말은 없다. '强姦(고칸:강간)'이다. '性'자를 쓰는 한·중·일 3국 중 한국만이 '성폭행'이라는 말을 쓰고 있다는 것을 알아야 한다.

우리 ▲국어사전은 '강간을 완곡하게 이르는 말이 성폭행'이라고 했고 인터넷 지식백과는 '성폭력의 하나인 성폭행은 강간과 강간미수를 의미한다'고 했다. 영어로는 sexual assault(성적 습격), 즉 rape(강간), sexual violence(성적 폭력), sexual attack(성적 공격) 등이라는 것이다. 그런데 ▲그 누가 먼저 '강간(强姦)'이라는 말 대신 '성폭행'이라는 말을 끄집어내기 시작한 것인가. 도대체 '강간'이라는 말이 뭐가 어떻다는 것인가? 그건 멀쩡한 우리말 살해 행위 아닌가.

'강간'이라는 말이 어감이 안 좋아서? 아니면 강간이라는 '간악할 간(姦)' '간사할 간'자가 글자 뜻도 나쁘고 글자 모양도 보기가 흉해서? 그렇다면 강간보다도 더 흉악한 '살인(殺人)'이라는 말은 왜 없애지 않고 그대로 쓰느냐고 묻고 싶다. '강간'이라는 말을 없애고 '성폭행'으로 바꿔 부르자는 식이라면 그럼 ▲'사람을 죽인다'는 '죽일 殺'자의 '살인'이라는 말도 '목숨 폭행'이나 '목숨 테러' 따위와 같은 괴상하고도 괴이한 말로 바꿔 부르고 그렇게 쓰자고 주장해야 할 게 아닌가.

그런데 '강간(强姦)'이라는 말을 '성폭행'이라는 말로 대체한 인간들이 '성명(性命)'이라는 말을 안다면 어떨까. 똑같은 글자지만 한국어와 중국어의 '性命' 뜻은 다르다. 한국어의 '性命'은 '인성(人性)과 천명(天命)'이라는 뜻이지만 중국어의 '性命(싱밍)'은 '목숨과 생명'이다. 그렇다면 ▲중국인들은 '殺人(사런)'이라는 말 대신 '목숨 폭행' '생명 폭행'이라는 뜻의 '性命暴行(싱밍바오싱)'이 어떠냐고 할지도 모른다. 한국의 '성폭행' 식이라면….

'강간'이라는 말 외에도 ▲'강간'과 뜻이 같거나 비슷한 우리말 단어는 많다. 간음(姦淫) 강음(强淫) 겁간(劫姦) 겁략(劫略) 겁탈(劫奪) 난행(亂行) 능욕(凌辱 陵辱) 범접(犯接) 협탈(脅奪) 등. '강간'을 비롯한 이 많은 단어를 모조리 살(殺)처분하는 대신 '성폭행'이라는 엉터리 해괴한 단어만을 고집하는 이유가 무엇인가. 중국어엔 '奸汚(지엔우:간오)'라는 단어도 '강간하다'라는 뜻으로 쓰이고 '奸淫(지엔인:간음)'도 '강간하다'라는 의미로 통한다. 奸은 '간악할 간'자로 '姦'자와 같다.

어쨌든 '성폭행'이라는 말이 유행한 지는 이미 오래다. '性폭행 당한 뒤 임신율 높아' '루마니아 대통령 아들 코마네치 성폭행 설' 등 기사가 이미 1980년대 신문에 보이는 걸 보면 '성폭행'이라는 말의 쓰임은 그 이전부터인 듯싶다. 요즘 컴퓨터 검색창의 '성폭행' 항목도 수두룩하다. 하지만 신기하게도 법률 용어만은 아직도 '성폭행'이 아니라 '강간' 그대로인 게 별나고 흥미롭다고나 할까.

▲인류 역사상 '성욕에 미친 사람'은 넘쳐났고 넘쳐난다. 중국

어로는 '色中餓鬼(써중어꾸이:색중아귀)'라 하고 그런 인간은 '色魔(써모: 색마)'라는 말 외에도 '色狼(써랑:색랑)' '色鬼(써꾸이:색귀)'라고 부른다. 狼은 '이리 랑'자다. 또한 여색에 빠지는 걸 '색황(色荒)'이라고 말하는 건 중국(써후앙)과 일본(쇼쿠코)도 같다. '여색에 빠지면 대담하기가 그지없이 된다'는 중국어도 있다. '色膽迷天(써단미티엔:색담미천)'이다.

남성뿐이 아니다. ▲음란한 여자를 중국에선 '淫娃(인와:음왜)'라 하고 '주로 여자가 음란하다'는 말이 '淫奔(인뻔:음분)'이다. 娃는 '예쁠 왜'자다. 심지어 애꿎은 궂은비까지도 '음란할(방탕할) 음(淫)'자를 써 '淫雨(인위:음우)'라고 하지 않는가. '궂은 비'라는 뜻의 우리말 '음우(霪雨)'도 霪자의 구조 자체가 '음탕한(淫) 비(雨)'라는 뜻이다. 궂은 비가 왜 음탕하고 음란하다는 것인가.

그런데 중국에선 '음란함이 만 가지 악의 으뜸(淫爲萬惡之首)'이라고 한다. 우리말엔 '벌성지부(伐性之斧)'라는 말도 있다. '여색에 빠지면 마치 도끼를 등에 지고 있는 것처럼 목숨에 해롭다, 생명이 위태롭다'는 뜻이다. '미부(眉斧)'라는 말도 있다. 미인으로 말미암아 몸을 망침을 도끼에 비유한 말이다. '眉斧'가 '눈썹 도끼'라는 뜻이다. 미인의 고운 눈썹을 도끼에 비유하다니!

하지만 생태적(生態的)이고 본태적(本態的)으로 타고난 색마와 색랑(色狼), 색귀(色鬼)는 따로 있는 것인가. 제2차 세계대전을 일으킨 원흉이자 수백만 유태인을 학살한 ▲아돌프 히틀러부터 어땠던가. 그는 수많은 소녀와 동침한 뒤 친위대에 넘겨 줘도 새도 모르게 처치하도록 한 악행으로도 세인의 지탄의 대상이었다. 그런 그의 색마와 색귀의 기질은 자신의 혼탁한 혈통에 대한 심한 콤플렉스가 원인이라는 게 정신의학자들의 진단이었다. 그의 조모가 유태인한테 강간을 당했고 그의 모친은 근친상간에 가까운 결혼을 했기 때문이다. 어쨌든 그의 악행 중 하나가 화간(和姦)을 빙자한 소녀 강간이었고 성폭행이었다.

히틀러와 함께 2차대전의 원흉인 ▲베니토 무솔리니는 또 어땠던가. 10대 때부터 눈에 드는 소녀는 닥치는 대로 발가벗겼다는 그 또한 대장장이 아버지의 혼탁한 핏줄이 원인이라는 것이다. 하지만 청렴한 성직자의 혈통이 성폭행 치한(癡漢)으로 둔갑해 세인의 지탄을 받는 경우엔 또 어떤 설명이 필요한 것인가.

▲'미국은 한 시간에 16명의 여성이 치한을 만나 그 중 10명이 강간을 당한다'는 게 1990년 7월 19일자 동아일보 기사였다. 그

런 미국의 강간 범죄 발생률은 일본의 20배, 영국의 13배, 독일의 4배로 강간왕국은 단연 미국이라는 것이다. 바브라 스트라이샌드(Streisand)가 주연한 영화 '너츠(Nuts)→미친것들' 등 강간 문제를 다룬 미국 영화도 다수다.

그렇다면 ▲강간 범죄가 드문 정도가 아니라 거의 없는 나라는 어디일까. 그건 중동 지역 이슬람 권역 국가들이다. 강간 사건은 그 지역 1개 국가에 연간 1건 정도 있을까 말까다. 결혼에 있어서도 신부의 처녀성이 절대적일 뿐 아니라 강간에 대한 처벌이 거세 또는 사형으로 워낙 무섭기 때문이다. 그러므로 집단적인 강간 사건은 더더욱 상상도 하기 어렵다.

그런데 상상도 못할 무서운 일이 벌어졌다. ▲1990년 8월 이라크가 쿠웨이트를 침공한 걸프전(Gulf War), 이른바 '사막의 폭풍(Desert Storm)'으로 불린 전쟁이 휘몰아치면서 이라크 군이 쿠웨이트 여성들을 5백여 명이나 강간한 것이다. 무참한 파괴와 방화, 살상 외에도 전쟁이 무서운 이유가 바로 점령지 여성을 대상으로 한 강간 사건 아닌가. 그런데 ▲더욱 무서운 건 강간으로 인해 임신을 했는데도 낙태를 금지하는 이슬람 율법 때문에 분신자살이나 정신

이상 여성이 속출한다는 것이다. 그 전쟁에 미, 영, 프 등 34개국이 참여함으로써 1년 만에 끝났으니 망정이지 몇 년 동안 지속됐다면 쿠웨이트 여성들의 강간 피해는 폭증했을 거 아닌가.

▲2017년 8월 인도 북부 찬디가르(Chandigarh)에서는 열 살짜리 소녀가 제왕절개로 여아를 출산했다고 미국의 CNN뉴스가 그 달 18일 보도해 전 세계가 충격파를 당했다. 어떻게 열 살짜리가 아이를 낳을 수 있다는 것인가. 그 소녀는 삼촌으로부터 강간을 당해 임신했지만 임신인 줄을 모르고 있다가 의사의 진찰로 임신이 확인된 건 이미 7개월이 넘은 32주째였다. 소녀의 가족은 임신중절을 법원에 청원했지만 중절 허용한도인 '20주'가 넘어 기각되고 말았다. 그 소녀의 양 손바닥에 크게 쓰인 'No Rape(강간은 안돼)' 글자만이 애처롭고 한심할 뿐이었다.

▲여아를 대상으로 하는 변태성욕의 하나가 '페도필리아(pedophilia)'지만 그런 정신질환자에 대해 거세를 하는 나라는 미국의 8개 주(州)를 비롯해 독일 스웨덴 덴마크 체코 폴란드 등 다수 국가다. ▲한국도 아동 대상 성 범죄자에 대해 화학적 거세를 허용한 건 2011년 7월부터였다. 여아 대상 성범죄가 아니더라도 처벌은 엄격하다. ▲미국의 올림픽 출전 여자 체조 선수들의 치료를

20년 간 담당하면서 150명의 선수를 강간한 50대 의사 래리 나사르(Nassar)가 175년의 금고형을 선고받은 것은 2018년 1월이었다.

하지만 한국에서는 '성폭행'이라고 일컫는 강간범은 전 세계 어디서든 줄어들 줄 모른다. 그래서 ▲최근 범세계적으로 벌어진 게 이른바 '미 투(Me Too)' 운동이지만 발단은 2006년으로 거슬러 올라간다. 그 해 미국의 여성 사회운동가 타라나 버크(Tarana Burke)가 미국에서도 가장 약자인 소수인종 여성들과 아동들이 자신의 강간 피해 사실을 고백해 드러낼 수 있도록 독려해 주고 피해자들끼리 연대해 사회를 정화해갈 수 있도록 창안한 게 '미 투 운동'의 시초였다. 그랬는데 ▲2017년 10월 드디어 유명한 영화감독이자 제작자인 하비 와인스타인(Harvey Weinstein)의 성범죄 파문이 크게 일자 '미 투' 운동은 본격화했다.

그런데 드디어 ▲2018년 1월 제75회 골든 글로브 시상식에서 진풍경이 벌어졌다. 남자 배우들은 검은 턱시도를, 여배우들은 검정 드레스를 입고 참가해 '이제 그런 남성(강간범)들의 시간은 끝났다'고 외쳐댄 것이다. 게리 올드먼, 휴 잭맨 등 남배우들과 니콜 키드먼, 안젤리나 졸리, 엠마 왓슨 등 여배우들이 그랬고 영화감독 스필버그 내외와 유명 방송인 오프라 윈프리도 동참했다.

또한 ▲2018년 1월 30일 트럼프 대통령이 일반교서(一般敎書) 연설을 한 미 하원 본회의장에서도 검은 드레스 물결은 넘쳐났다. 낸시 펠로시(Pelosi) 민주당 하원 원내총무~하원 의장을 비롯해 20여명의 여성 의원들이 검정 드레스 차림으로 참석해 '미 투' 운동에 동참 의사를 표명했고 남성 의원들도 다수가 검은 정장 모습이었다.

▲한국에서도 서지현 여검사의 검찰 내 성폭행 고발로 '미 투' 운동은 불이 붙었고 스포츠 연예계를 비롯해 폭넓게 확산되고 있지만 과연 얼마나 예방 효과가 있을지, 색마(色魔) 색광(色狂) 색귀(色鬼) 들의 성범죄가 어느 정도 줄어들지는 전혀 미지수다.

회식 자리마다 터지는 게 '건배!' 합창 소리지만
'건배'가 무슨 뜻인지 아는 사람은 드물다.

회식(會食) 자리마다 술잔들을 치켜들고 외치는 '건배!' 합창 소리는 유난히 옥타브가 높다. 연말연시엔 특히 '건배' 외침이 잦고 건배사(乾杯辭) 또한 가지가지로 흥미롭다. 인터넷에 떠도는 한국인의 건배사부터 여기 잠시 옮겨 보자.

<직원 회식>

▲통통통→의사소통 운수대통 만사형통(萬事亨通) ▲마스터→마음껏 스스럼없이 터놓고 마시자 ▲오바마→오늘은 바래다줄게 마시자

<송별회>

▲고사리→고맙습니다 사랑합니다 리해(이해)합니다 ▲껄껄껄→좀더 사랑할 걸, 좀더 즐길 걸, 좀더 베풀 걸 ▲변사또→변함없는

사랑으로 또 만납시다

<성공과 행복 기원>

▲나가자→나라를 위하여, 가정을 위하여, 자신을 위하여 ▲성행위→성공과 행복을 위하여 ▲소나무→소중한 나눔의 무한 행복을 위하여 ▲오행시(五行詩)→오늘도 행복한 시간 보내세요

<사랑과 우정>

▲사우나→사랑과 우정을 나누자 ▲오징어→오래도록 징그럽게 어울리자 ▲사이다→사랑을 이 술잔에 담아 다함께 원 샷 ▲가감승제(加減乘除)→기쁨은 더하고 슬픔은 빼고 희망은 곱하고 사랑은 나누자

<건강 기원(祈願)>

▲건배→건강은 배려하는 마음에서 온다 ▲나이야 가라→나이야 꺼져라 없어져라 ▲재건축→재미나고 건강하게 축복받으며 삽시다 ▲9988/234→99세까지 팔팔하게 살다가 2~3일 앓고 죽자 ▲9988/231→99세까지 팔팔하게 살다가 23일 앓고 (다시) 일어서자 ▲일십백천만→하루에 한 번 이상 좋은 일 하고 열 번 이상 큰 소리로 웃고 백자 이상 쓰고 천자 이상 읽고 만보 이상 걷자

<남녀 동반 모임>

▲당나귀→당신과 나의 귀한 만남을 위하여 ▲우아미→우아하고 아름다운 미래를 위하여 ▲우거지→우아하고 거룩하고 지성 있게 ▲해당화→해가 갈수록 당당하고 화려하게

<술자리 끝낼 때>

▲초가집→초지일관(初志一貫) 가자 집으로. 2차는 없다 ▲119→한 가지 술을 1차에 9시까지만 마시자 ▲222→두 가지 술을 섞지 않고 두 잔 이상 권하지 않고 2차는 안 가기 ▲마돈나→마시고 돈 내고 나가자 ▲단무지→단순하고 무식하게 지금부터 즐기자 ▲거시기→거절하지 말고 시키는 대로 기쁘게

하지만 보통은 '위하여'와 '브라보' '지화자' '곤드레만드레'가 많고 그냥 '건배' 외침이 가장 많을지도 모른다.

그럼 외국의 '건배'와 '건배사(toast message, toast greetings)'는 어떨까.

▲미국과 영국→단연 '치어스(cheers)'다. '격려 환호 갈채, 환성을 지르다, 기운을 내다' 그런 뜻이다. ▲독일→'토스트(Toast)'다. '토스트'라면 구운 빵 아닌가. 예부터 벌꿀 술잔에 빵 조각을 띄워 마시던 습관 때문이란다. '게준트하이트(Gesund heit)'도 대표적

인 건배사다. '건강'이란 뜻이다. ▲프랑스→프랑스 역시 '토스트(toast)'고 '토스트 상태(toast sante)'를 외치기도 한다. sante는 건강이란 뜻이다. 또한 속어로는 '건배'가 '칭칭(tchin-tchin)'이다. 술잔을 부딪칠 때 나는 소리가 경쾌한 '칭칭'이기 때문이다. ▲이탈리아→'프로피나레(propinare)'가 '건배'라는 소리고 '친친(cin cin)'은 술잔 부딪치는 소리다. ▲러시아→'피띠' '비피바띠' '초카띠샤' ▲그리스→'코이노니아(Koinonia)'. '죽을 때까지 함께'라는 뜻이다. ▲라틴어→'카르페 디엠(carpe diem)'. '현재를 즐기자, 역경을 이기고 긍정적으로 살자'는 뜻이다.

▲중국→'깐뻬이(干杯:간배)'다. '건배'가 아니고 '간배'다. 왜 '건배(乾杯)'가 아니고 '간배'인가 싶지만 중국 한자에서는 괴기(怪奇)하게도 '방패 간(干)'자와 '마를 건(乾)'자가 함께 통용된다. 그래서 '乾杯'라고도 하고 발음도 '깐뻬이'로 '干杯'와 같다.

▲일본→'칸빠이(乾杯)'로 한국의 '건배'와 한자가 같다. 그런데 원래 중국 한자 乾자는 '하늘 건'자다. 그래서 건곤(乾坤) 하면 천지, 일월, 음양, 남녀, 부부를 뜻한다. '건곤일척(乾坤一擲)'이라고 할 때의 그 '건곤'이고 '운명과 흥망을 걸고 전력을 다해 마지막 승부나 성패를 겨룬다'는 게 건곤일척 아닌가.

그럼 ▲한국어의 '건배'는 무슨 뜻일까. 乾이 원래 '하늘 건'자라면 '乾杯'가 '하늘 술잔'이라는 뜻 아닌가. 회식 자리마다 터지는 '건배!' 외침에 그 건배꾼들에게 '건배'라는 말뜻을 물어봐도 명쾌한 답은 거의 없었다. 그냥 술잔을 치켜드는 걸 건배로 알고 그렇게들 믿고 있었다.

'건배'의 乾자가 '하늘 건, 마를 건'자라고 했다. 따라서 ▲'乾杯'는 '술잔(杯)을 (하늘처럼) 말린다'는 뜻이다. 술잔을 말리다니? 그게 무슨 말인가. 그건 다름 아닌 '(술)잔을 비우라'는 뜻이다. Bottom up 즉 술잔을 거꾸로 하라(비우라), 술잔 바닥을 보이라는 뜻이고 일본인들이 잘도 외치는 '완 샷(one shot)'이다. 일본어로는 '잇키노미(いっきのみ→단숨에 마시기)'다.

그런데 일본인들이 맥주를 마실 때는 발음은 같은 '칸빠이'지만 한자만은 '乾杯'가 아닌 ▲'寒杯'라는 글자를 쓰는 재치를 보이기도 한다. 벚꽃이 만발한 1988년 4월 11일 일본 도쿄 이케부쿠로(池袋) 백화점은 옥상 발코니에 비어 가든을 열어 첫날 300석 만석을 기록했다. 그런데 거기서도 '칸빠이' 소리가 터졌지만 '乾杯'가 아닌 '寒杯'였다는 게 그 이튿날인 4월 12일 마이니치(每日) 신문 기사였다.

어쨌거나 '건배'라고 합창을 하고서도 단숨에 잔을 비우지 않는 건 '건배 서약(誓約)' 위반이고 '즐거운 맹약(盟約)' 배반이다. 다시 말해 '건배'라는 말은 '잔(杯)을 말린다(乾), 비운다'는 뜻이다. 단숨에 마시든 두 숨, 세 숨에 마시든 '어서 잔속의 술을 마셔 술잔을 비우자'는 약속이고 선언인 것이다. 중국어로는 술을 일명(一名) ▲'杯中物(뻬이중우:배중물)'이라고 한다. '술잔 속의 물질'이라는 뜻이다. 그러니까 '술잔 속의 물질인 음료를 비우자, 마셔 없애자'는 소리가 바로 '건배!'라는 외침인 것이다.

그런데 왜 중국에선 ▲'乾杯'를 '干杯'라고 하는가. '乾'은 '마를 건'자, '干'은 '방패 간'자이건만 두 글자가 서로 통용되는 이유는 무엇일까. 중국어에서도 한국어처럼 '干戈(깐꺼:간과)' 하면 '방패(干)와 창(戈)'이고 '干城(깐청:간성)'이라고 하면 '나라를 지키는 군인'이다. 그런데도 그 '방패 干'자가 '마를 乾'자 뜻으로 단연 많이 쓰인다는 게 괴이하다. '干杯(깐뻬이)' 외에도 ▲'干草(깐차오:간초)'는 마른 풀이고 ▲'干巴(깐파:간빼)'는 '말라서 딱딱하다, 말라서 쪼글쪼글하다'는 뜻이다. 巴는 '땅 이름 파'자다.

이 밖에도 '방패 干'자가 '마를 乾'자 뜻으로 쓰이는 단어는 신기할 정도로 다수다. ▲干唱(깐창:간창)→반주 없이 노래하다 ▲干酒(깐지우:간주)→독한 술 ▲干貨(깐후어:간화)→말린 과일, 마른 나물 ▲干鮮(깐시엔:간선)→말린 것과 날것 ▲干裂(깐리에:간렬)→①말라서 터지다 ②(목소리가) 쉬다 ▲干飯(깐판:간반)→국물은 먹지 않고 밥만 믹는 사람 ▲干笑(깐샤오:간소)→억지웃음(을 짓다) ▲干哭(깐쿠:간곡)→눈물은 흘리지 않고 소리로만 우는 사람 ▲干工(깐꿍:간공)→무보수로 일하다 ▲干稿報導(깐가오바오다오:간고보도)→뉴스 생방송. 중국에서는 신문 보도, 방송 보도의 '보도'를 '報道' 외에 '報導'라고도 한다. ▲干電池(깐띠엔츠:간전지)→건전지(乾電池). 그냥 '干電(깐띠엔)'이라고도 한다. ▲干旱(깐한:간한)→가뭄

재벌 총수는 어깨에 별을 몇 개씩 달고 있는가?

이렇게 묻고 싶다. "재벌 총수라면 도대체 어깨에 별을 몇 개씩이나 달고 있는지 상상해 보았는가"라고. 무슨 소리인가.

▲재벌 총수라는 호칭의 '총수'가 무슨 뜻의 글자인지를 알고 있는 사람은 또 몇이나 될까. '총수(總帥)'라는 말은 사전에도 그 뜻이 나와 있는 것처럼 '전군(全軍)을 지휘하는 사람, 총지휘관, 총사령관'을 가리킨다. '帥'자가 바로 '장수 수'자다. 그러니까 '總帥'라면 '총 장수(總 將帥)'라는 뜻이다. 그런데 總자는 '합칠 총'자다. 그렇다면 '총수'는 '합친 장수'라는 뜻이다. 합치기는 뭘 합치나? '합친 장수'라니, 도무지 말이 안 된다.

하지만 굳이 ▲우리 군대를 예로 든다면 어깨에 별을 단 지휘관들이 모두 장수(帥)들이고 그 중에서도 3군 연합 총사령관을 비롯해 육해공군 참모총장, 군단장, 사단장 등이 모두 장수들이다. 우리 군대에서는 아직 예가 없었고 백선엽(白善燁) 장군 같은 전설적인 장군 중의 장군도 '원수'가 아니라 '대장' 계급이었지만 '으뜸 장수'라는 뜻의 '원수(元帥)'라는 계급도 있다. 어깨와 이마에 번쩍이는 별을 네 개(大將)가 아니라 다섯 깨씩 달고 있는 그야말로 '총 장수(總 將帥)'가 바로 '元帥'다.

▲그런 총 장수─총수들이라면 2차대전의 영웅인 미국의 맥아더 원수─미국에선 '머카서(MacArthur)'라 부르는 그 총수를 비롯해 아이젠하워 원수가 있었고 영국엔 몽고메리 원수가 있었다. 또 있다. 소련의 스탈린(Stalin), 프랑스의 조프르(Joffre), 포슈(Foch), 페탱(Fétain) 장군도 같은 무렵인 1~2차 대전의 5성(星)원수였다.

중국 신해(辛亥)혁명 때의 黃興(황싱:황흥)은 대원수였고 6.25 한국전쟁 때의 중국 장군 徐向前(쉬시앙치엔:서향전)과 彭德懷(펑더화이:팽덕회)도 원수였다. 1953년 한국전쟁 휴전협정 조인 때 조인서에 사인을 했던 중국 측 대표가 바로 펑더화이였다. ▲1960년대 쿠바의 카스트로(Castro) 수상과 이라크의 사담 후세인(Hussein) 대통령은 군인도 아니었는데 군복을 평상복처럼 입었다. 어깨와 이마에 별만 안 달았지 장군 모습이었고 원수, 총수 모습이었다.

그런데 ▲한국뿐 아니라 전 세계 재벌 총수들은 군복도 안 입고 군모도 안 쓰고 이마와 어깨에 그 자랑스럽게 번쩍거리는 별들도 달고 다니지 않는다. 혹시 별들의 무게에 이마가 눌리고 어깨가 짜부라질까 봐 겁들이 나기 때문은 아닐까. 아무리 형편없는 직경 몇 km짜리 개똥별이라고 치더라도 그 무게는 상상도 할 수 없을 거 아닌가.

▲재벌 총수, 총 장수(總 將帥)의 생김새만 하더라도 그 체격이 왜소하거나 비리비리하게 여윈 분들에겐 그 총수, 장수라는 호칭이 어울리지 않는다. 장대(壯大)한 기골에다가 네모난 이마와 각이 진 턱을 가진 우락부락 울퉁불퉁하게 생겨야만 대원수, 원수, 총장수라는 뜻의 '총수'라는 호칭에 어울리지 않는가.

아무튼 ▲'재벌' 하면 우스꽝스럽게도 커다란 밀가루 반죽 덩어리나 둥글게 뭉쳐진 콘크리트 덩어리, 그것부터 연상된다. 재벌이라는 복합기업 집괴(集塊)기업을 가리켜 '콩글로머리트(conglomerate)'라고 하는데 그 콩글로머리트라는 것을 광물학에서는 다름 아닌 자갈 따위로 둥글게 뭉쳐져 덩어리진 것을 가리키기 때문이다.

세계 재벌의 대명사 격인 미국의 모건(Morgan)만 하더라도 그렇다. 1861~65년의 남북전쟁▲에서 거리(巨利)를 차지해 쌓아올린 그 모건 재벌 자체를 콘크리트 반죽 덩어리 아니면 그렇게 굳어진 딱딱한 기타 괴물 덩어리처럼 연상한다는 것이다. 미국 최대 금융 재벌인 쿤로브(Kuhn Loeb) 역시 그런 콘크리트 반죽 덩어리를 연상케 한다는 것이고….

▲'재벌(財閥)'이라는 말은 '재계(財界)에서 세력이 가장 강한 자본가 기업가 무리'라는 게 국어사전 풀이다. 2019년 현재 한국 재벌들의 순위는 그 으뜸이 삼성이다. 미국은 '쌤성(Samsung)'이라 부르고 중국에선 '三星(싼싱)' 일본에선 '산세이'로 통하는 그 삼성 자본가, 기업가들이 삼성 재벌이다. 그 다음은 현대 차. 미국에선 '훈다이' 중국에선 '現代(시엔다이)' 일본에선 '겐다이'라 불리는 현대 말이다. 그 뒤 순위는 SK LG 롯데 포스코 한화 GS 농협 현대중공업 등이다.

▲'재벌'이라는 중국 한자 '閥'자는 '지체 벌'자다. 지체가 높다 낮다고 할 때의 그 지체다. 그런데 우리 국어사전은 '재계에서 세력

이 강한 자본가 기업가'를 '재벌'이라고 했지만 중국어의 '財閥(차이파)'이라는 '閥'자 뜻은 자본가 기업가라는 개인보다는 집안, '가문(家門), 문벌(門閥)'이라는 뜻이 우선이다. 즉 이병철의 삼성가(家), 정주영의 현대가(家)처럼 세력 있는 집안의 사회적 지위를 가리킨다. '특수한 권력이나 세력을 가진 개인이나 집단 파벌'이라는 閥자의 뜻은 중국에선 그 다음이다.

▲중국에선 '閥'자가 또 '活門(후어먼:활문)' '閥門(파먼:벌문)' '凡爾(판얼:범이)'와 뜻이 같다는 것이다. 凡爾가 뭔가. 기계의 밸브, 기계를 열고 닫는 개폐기가 凡爾다. 그 상징적인 뜻이 매우 흥미롭다. 한 재벌이 망한다는 건 마치 그 나라 경제의 유통과 소통 밸브가 잠기는 것처럼 심각한 영향을 미치지 않겠는가.

그건 그렇고 ▲중국 같은 공산사회주의 국가도 1980년대 최고지도자 덩샤오핑(鄧小平)의 과감한 경제 개혁개방정책 이후 재벌들이 우후죽순처럼 돋아났다. 중국 부자연구소 胡潤(후룬:호윤)이 2017년 발표한 그 해 중국 재벌 순위는 아래와 같았다.

▲공동 9위→姚振華(야오전화:요진화) 寶能(바오닝:보능) 그룹 회장
＊중국에선 '그룹'을 '集團'이라고 한다. 鄭家純(정쟈춘:정가순) 포에바마크(Forever Mark) 회장

▲8위→宗慶后(쫑칭허우:종경후)→娃哈哈(와하하:왜합합) 그룹 회장

▲7위→丁磊(딩레이:정뢰)→넷이즈(網易:망이) CEO

▲6위→馬化騰(마화텅:마화등)→텐센트(Tencent) 騰訊(텅쉰:등신) 회장

▲5위→李兆基(리자오지:이조기)→헨더슨 랜드 회장

▲4위→李嘉誠(리지아청:이가성)→長江(청쿵)그룹 회장

▲3위→王衛(왕웨이:왕위)→順豐(순펑:순풍) 익스프레스 회장

▲2위→馬云(마윈:마운)→阿里巴巴(알리바바—아리파파, 영문 표기 Alibaba) CEO

▲1위→王健林(왕지엔린:왕건림) 万達(완다:만달) 그룹 회장

그런데 2019년 10월 중앙일보가 보도한 중국 재벌 순위는 확 바뀌었다. ▲2위였던 馬云(마윈)의 알리바바가 1위로 올라섰고 ▲6위였던 馬化騰(마화텅:마화등) 텐센트(Tencent) 騰訊(텅쉰:등신) 회장이 2위로 도약했다. ▲3위는 부동산재벌인 許家印(쉬쟈인:허가인)의 恒大(헝다:항대)가 비상(飛翔)했고…. 체모(體貌)는 볼품없는 마윈의 재산은 2천750억위안(약36조900억)이라고 했다.

▲중국엔 '財閥(차이파:재벌)'이라는 말은 있어도 '재벌 총수'로 불

리는 그 '總帥'라는 말은 없다. 위의 재벌 순위에서도 볼 수 있듯이 '총수'가 아닌 '회장' 호칭이 단연 많고 그 다음이 CEO라 불린다. 그게 무난한 호칭이기 때문인가.

그런데 한국엔 소규모 재단도 많고 '재단법인'도 흔하지만 ▲중국에선 '財團(차이퇀:재단)' 하면 바로 재벌을 가리키고 재벌그룹을 지칭한다. 돈복인 '재운(財運)'을 '財氣(차이치:재기)'라 하고 부자, 자본가를 '財主(차이주:재주)'라 부른다. '財大氣粗(차이따치추:재대기조)'라는 부정적인 말도 있다. '부자는 콧김이 거칠다'는 뜻이다. 횡포나 위세를 부린다는 뜻이다. 돈의 노예, 수전노를 가리키는 '財奴(차이누:재노)'와 '財虜(차이루:재로)'라는 말도 있다.

그러나 재벌 총수, '總帥'라는 말은 없다. ▲'총수' 대신 '總代表(쭝다이뱌오:총대표)'나 '總領隊(쭝링뚜이:총령대)'라는 말을 쓴다. 총감독이 '總領隊'다. 그리고 한국에서는 '경리(經理)'라면 '회계, 돈 관리'로만 알기 쉽지만 원래 뜻은 '일을 경영하여 처리함'이다. 그래서 중국에서는 '總經理(쭝징리:총경리)' 하면 총지배인, 사장, 회장을 가리킨다. '總書記(쭝수지:총서기)'라는 말도 마찬가지다. 한국에서는 '서기'라면 기록을 맡아 보는 사람이나 면서기부터 연상하지만 중국에서는 현 시진핑(習近平) 총서기처럼 14억 人民(런민)을 통솔 지휘하는 국가 원수가 아닌가.

또한 ▲'재벌 총수'라는 말 대신 '財閥統帥(차이파퉁솨이:재벌통수)'라는 말은 쓴다. 그런데 그 또한 군대 용어다. 統帥라면 통솔자, 원수(元帥)를 가리킨다. '統帥部(퉁솨이뿌:통수부)'가 바로 최고사령부, 총지휘부고 3군 총지휘자가 바로 중국의 三軍統帥다. 그밖에도 '統帶(퉁따이:통대)'는 대군을 통솔하다, '統兵(퉁삥)'은 군대를 통솔하다는 뜻이다. '統管(퉁구안:통관)'은 통솔하고 관할하다, '統監(퉁지엔:통감)'은 전체를 통제하고 감시한다는 뜻이고…. 대통령의 '統領(퉁링:통령)'도 통솔자를 뜻한다.

중국과는 달리 ▲일본엔 '財閥(자이바쓰)'이라는 말과 함께 '總帥(소스이)'라는 호칭도 쓴다. 그런데 일본어의 '總帥' 역시 총지휘관, 전군을 이끄는 사람이고 總大將(소다이쇼) 등도 군대 용어다. 그런데도 '합칠 總'자를 좋아한다. '總轄(소카쓰:총할)'은 전체를 감독한다는 뜻이고 '總監(소칸:총감)'은 전체 인원을 단속, 감독한다는 뜻이다.

또한 ▲'종합개발'도 '總合開發(소고카이하쓰:총합개발)'이라 하고 '종합상사'도 '總合商社(소고쇼샤:총합상사)'라고 한다. 심지어는 종합예술도 '總合藝術(소고게이쥬쓰:총합예술)', 종합대학도 '總合大學(소고

다이가쿠:총합대학)', 종합병원도 '總合病院(소고뵤인:총합병원)'이라고 한다. 된통 웃기는 건 또 장남을 가리켜 '總領(소료:총령)'이라 부른다는 것이다.

그런데 한국의 '재벌'과 '총수'라는 호칭은 일본에서 왔다는 설도 있다. 그만큼 일본엔 재벌도 많다. 왕년에 언뜻 떠올랐던 일본 재벌만 해도 미쓰비시(三菱:삼릉) 미쓰이(三井) 마루베니(丸紅:환홍) 스미토모(住友) 토요다(豐田:풍전)자동차 히다치(日立) 닛산(日産) SONY 혼다(本田) 닛폰생명보험 등이지만 최근 일본 기업 'Top 10' 순위는 다음과 같이 많이 바뀌었다.

▲①토요다 자동차 ②소프트뱅크(Soft Bank) 그룹 ③NTT 도코모(이동통신사 '어디서든') ④NTT(일본전신전화) ⑤미쓰비시 파이낸셜 그룹(금융지주회사) ⑥키엔스(KEYENCE) 전기기기회사 ⑦Takeda(다케다) 제약공업 ⑧KDDI 정보통신 ⑨소프트뱅크(소프트뱅크 그룹 자회사) ⑩SONY 전자가전업체 등. 두드러진 특징은 기업명이 그 전의 일본어 일색에서 거의가 영자로 바뀌었다는 점이다.

그런데 ▲2019년 7월 기준 일본 부호 1위는 재일 한국인 손정의(孫正義)였다. 1957년 일본 사가(佐賀)현 출생인 그가 24살 청년 시절인 1981년 소프트뱅크를 설립했고 그의 현 재산은 43조원으로 알려져 있다.

하지만 ▲일본 대학 졸업반 학생들이 취직하고 싶어 하는 '인기 기업 순위 10'은 일본 기업 'Top 10' 순위와는 사뭇 다르다.

①미쓰비시(三菱) 도쿄 UFJ 은행 ②젠닛폰쿠유(全日本空輸) ANA(항공사) ③덴쓰(電通) 광고기업 ④이토추쇼지(伊藤忠商事:이등충상사)→초대형 종합상사 ⑤オリエンタルランド(오리엔탈랜드→OLC Group 디즈니랜드) ⑥미쓰이스미토모깅코(三井住友銀行) ⑦시세이도(資生堂:자생당)→일본 최대 화장품 기업 ⑧JTB 그룹→일본 최대 여행사 ⑨미즈호(MIZUHO 파이낸셜 그룹 은행 ⑩P&G Japan→일회용품

아무튼 ▲한국과 일본에서 불리는 재벌 총수라는 말은 '재벌 장수(將帥), 재벌 원수(元帥), 재벌 사령관'이라는 뜻이다. 재벌 장수, 재벌 원수라니, 얼마나 웃기는 호칭인가. 재벌의 규모가 아무리 방대해도 그냥 재벌 대표나 회장 등이 무난한 호칭이 아닐까. 하긴 기업이 어떤 곳인가. 사활을 건 첨단제품 개발 전쟁이니 수출전쟁이니 교역전쟁, 흑자확산 전쟁, 자본 확충 전쟁 등 경제 활동 전반에 전쟁이라는 용어가 따라붙는 곳 아닌가. 그래서인지는 몰라도 재벌 '대표'나 '회장' 정도 호칭으로는 뭔가 부족하고 미진한 데가 있지 않나

싶기도 하고 그런 이유로 '장수 수(帥)'자를 붙여 '총 장수(總帥)'라는 뜻의 '재벌 총수'라고 불러야 직성이 풀리는지도 모른다.

그렇다면 ▲대학 총장도 '총장(總長)'보다는 이왕에 '總'자를 쓸 바에야 재벌 총수처럼 '대학 총수(大學總帥)'라고 호칭하는 게 어떨까. 내친 김에 중소기업 사장도 '회사 장수'라는 뜻의 '사수(社帥)'라고 부르고 초등학교 교장 선생님도 '학교 장수'라는 뜻의 '교수(校帥)'라고 부르는 건 또 어떠할지? 하기야 '초등학교 校帥'라는 호칭만은 대학 '教授'와 발음이 같아 곤란하겠지만, 그럼 '가장(家長)'이라는 말은 또 어떤가. 가장도 '집 장수'라는 뜻의 '家帥'라고 부르는 게….

'재벌'에 대한 이미지는 부정적이기 쉽다.

특히 ▲사회주의 국가 인민들이 자본주의 국가를 대하는 인식과 시각(視角)은 사뭇 부정적이고 비뚤어졌었다. 그런데 그런 인식과 시각을 바로잡아 중국대륙을 경제대국으로 부유하게 이끈 영웅이 바로 그 나라 개혁개방을 이끈 1980년대의 덩샤오핑(鄧小平)이었다. 한국의 문재인 정권도 최근엔 좀 달라진 듯싶지만 삼성 등 재벌에 대한 인식은 매우 부정적이고 반감이 큰 듯싶었다.

하긴 ▲1960년대 산업화 이후의 우리 재벌들 하면 빌딩, 부동산, 문어발 기업 확장, 정경유착, 뇌물과 비자금 따위 단어부터 연상케 했었다. '소매가 길면 춤을 추기 쉽다(長袖善舞:장수선무)'는 말이 있다. 재물이 넉넉하면 성공하기 쉽다는 뜻이다. 또 '돈이 많으면 장사를 잘한다(多錢善賈:다전선고)'는 말도 있다. 쉽게 말해 '돈으로 돈 벌기, 돈 놓고 돈 먹기'라는 것이다. '賈'는 '장사 고'자다. 옛날 중국에선 '賈'를 좌상(坐商), '商'은 행상(行商)을 가리켰고 둘을 합쳐 '商賈(상구:상고)' 즉 '상인'이라고 했다.

▲'多錢善賈(뚜어치엔산구:다전선고)'라는 말은 중국에도 있다. 그러나 한국어의 '다전선고(多錢善賈)'와는 뜻이 약간 다르다. 한국에선 '돈이 많으면 장사를 잘한다'지만 중국에선 '자본이 많으면 장사가 잘 된다'는 것이다. '賈人(구런:고인)'과 '賈戶(구후:고호)'도 상인이라는 뜻이다.

그런데 ▲한국의 재벌 대명사는 '삼성'이다. 한국의 청와대라는 게 뭘 하는 곳인지는 모를지라도 글로벌 기업 삼성을 모르는 지구촌 촌민은 드물 정도가 아닌가. 2018년 2월 영국의 글로벌 브랜드 평가 업체인 '브랜드 파이낸스(Brand Finance)'가 발표한 삼성의 브랜드 가치는 1위 아마존 2위 애플 3위 구글에 이어 4위였다. 그 삼성이 2018년 1월 31일 발표한 '2017년 결산 발표'를 보면 판매고

239조5천800억에 영업이익이 53조6천500억이었다. 2017년 법인세만도 전체 법인세의 10분의 1인 7조8천억원을 냈고 삼성의 한국 수출 비중도 20%를 차지했다. 그런데도 문재인 정권의 반자본주의 친(親)노동 정책에 의한 반(反) 기업 기류는 거셌고 그 통에 삼성은 내내 핍박 고통을 감내해야만 하지 않았던가.

▲2019년 연말 불우이웃 돕기 성금만 해도 삼성은 전년처럼 500억을 냈다고 했다. 현대차가 150억을 냈다고 했고…. 500억과 150억? 그런 돈이 어디 누구네 집 애 이름인가. 그런 거액을 쾌척하는 재벌이야말로 애국 애족자(愛族者) 집단임이 분명한데도 잘했다는 손뼉 한 번 요란하게 쳐주는 소리는 들리지 않는다. 재벌 총수라는 호칭이야 구닥다리 용어로 귀에 거슬리지만 그런 한국의 재벌들이 계속 육속(陸續) 해속(海續) 공속(空續) 번창해야지 쇠락해서야 안 되는 거 아닌가.

그런데 ▲삼성에 제의하고 싶다. 이제는 좀 늦었지만 '삼성(三星)'이라는 '3☆' 중장(中將)급 호칭을 이왕이면 '4☆' 대장(大將)급인 '사성(四星) 그룹'이거나 '☆5' 원수(元帥) 급인 '五星 그룹'으로 개명하는 게 어떨까.

악수를 나누면 포옹도 나누고 키스도 나누나?

지구촌 인류에겐 별의별 인사 동작이 다 있다. 동양의 대표적인 인사 동작은 동방예의지국인 ▲한국의 절(큰절, 반절)과 ▲중국의 拱手(궁서우:공수) 즉 抱拳之禮(빠오취엔즈리:포권지례)다. 궁서우는 가슴께까지 두 손을 올려 맞잡고 인사하는 자세고 빠오취엔즈리는 두 손을 맞잡은 채 가슴까지 올려 예를 표하는 동작이다. 拱이 '두 손 마주잡을 공'자다. '拱候(궁허우:공후)'는 '두 손을 마주잡고 기다리다'라는 뜻이고 '拱立(궁리)'는 '두 손을 맞잡고 서다' '拱別(궁비에:공별)'는 '공수(拱手)한 뒤 헤어지다'라는 말이다. 그런데 두 손을 마주잡는 그 '공수'라는 것도 아무렇게나 하는 게 아니라 격식이 있다. 남자는 왼손을 위로, 여자는 오른손을 위로 올려야 한다.

‘拱手’와 ‘抱拳之禮’ 두 단어 모두 비슷한 뜻이다. 두 단어를 한 글자, 한 음절로 말한다면 ▲‘揖(이:읍)’이라는 것이다. ‘읍한다’고 할 때의 그 ‘읍’이다. 중국 영화에서 흔히 볼 수 있는 그 동작, 왼손을 오른손 위에 얹어 얼굴 높이로 든 채 허리를 굽혔다 펴면서 손을 내리는 그 경례가 바로 읍하는 동작이지만 읍도 먼저 하는 게 ‘作揖(쭈어위:작읍)’이고 답례의 절이 ‘答揖(따위:답읍)’이다.

한국인의 대표적인 인사 모습, 즉 경례 동작은 ▲‘절’이고 특히 여성의 큰 절은 공손하기 이를 데 없다. 두 손을 이마에 마주대고 살포시 앉아 허리를 굽히는 인사 동작이 ‘큰절’이지만 그건 혼례식 때나 시부모에게나 하는 여성의 절이다. 또한 허리를 굽히면서 양손을 바닥에 짚고 앉아 고개를 숙이는 ‘반절’ 동작도 있다. 그런데 한국 여성의 큰절에 비하면 그 동작이 요란하기 짝이 없는 진짜 큰절이 따로 있다. 바로 ▲이슬람교도의 양수거지(兩手据地)라는 것이다. 무릎을 바닥에 대고 절을 한 뒤 두 손과 전신을 땅에 닿도록 엎드리는 동작이 ‘양수거지’라는 것이다. 그 이슬람교도의 ‘반절’이라는 동작도 있다. ‘알라는 위대하다’고 외치면서 두 손을 무릎에 둔 채 머리를 숙이는 ‘루쿠(rukū)’라는 절이고 인사다.

그런데 알라신을 비롯한 모든 신과 제사 때 조상의 신위(神位)에게 올리는 절을 '허배(虛拜)'라고 하니까 사람한테 하는 절은 '실배(實拜)'인 셈이고 그런 격이다.

동방예의지국인 한국과 중국을 제외한 기타 동남아 국가의 인사 동작도 흥미롭다. ▲인도와 네팔→합장하며 '나마스테(namaste)'라고 한다. '나마스테'는 산스크리트어로 '안녕하세요, 안녕히 가셔요'라는 인사말이다. ▲태국→합장하며 머리 숙이기 ▲호주→윙크를 가장 많이 하는 나라가 호주다. 그냥 농담이라는 뜻으로 윙크를 하고 장난이라는 의미로 윙크를 한다는 것이다. 그런데 호주인도 아닌 부시 전 미국 대통령이 2007년 영국에 갔을 때는 엘리자베스 여왕에게 무례하게도 윙크를 날렸다.

하지만 무엇보다 웃기는 민족이 ▲뉴질랜드 원주민인 마오리(Maori)족으로 그들의 전통 인사법이 '홍이(Hongi)'라는 것이다. 얼굴을 마주한 채 서로 코끝을 비비면서 '키아오라(Kiaora)!'라고 외치는 인사법이다. 필자가 1999년 10월 뉴질랜드 여행을 갔을 때도 웃통을 벗고 아래 국부만 가린 마오리족과 그런 인사를 했었고 2014년 11월 시진핑(習近平) 중국 주석의 뉴질랜드 방문 때도 그랬다.

그런데 ▲한국인의 경례엔 절과 허리 굽히기, 머리 숙이기, 목만 까딱하는 목 인사와 눈짓으로 하는 목례(目禮), 그리고 '국기에 대한 경례'를 할 때 왼쪽 가슴에 오른쪽 손바닥을 갖다 얹기와 군대식 거수경례가 있지만 ▲서양인의 절(bow)은 악수를 하면서 고개만 약간 숙이는 동작이 대표적인 인사 예법이다. 그리고 좀더 ▲친근한 표시의 인사법이 포옹과 양볼 비비기, 손등 키스와 볼 키스 등이고 ▲최근엔 하이파이브(high five→팔 올려 손바닥 마주치기)와 주먹치기(fist bump) 등이 유행이다.

2009년 4월 오바마 미국 대통령이 백악관에서 피트 라우스(Rouse) 대통령 선임보좌관과 주먹치기 인사하는 모습을 보여 화제가 되더니 그로부터 전 세계에 유행이 돼버렸다. 그는 그 전 해인 2008년 6월에도 대통령 선거운동 유세를 마치고 내려오면서 부인 미셸 여사와 주먹치기를 주고받았다. 반기문 유엔 사무총장은 또 2013년 11월부터 에볼라(Ebola) 바이러스가 창궐한 아프리카를 그 이듬해 다녀온 뒤 팔꿈치를 부딪치는(elbow bump) 인사법을 창안(?)해 단연 해외 토픽 감이 되었다. 그런 인사법은 모두 악수로 인한 손바닥 세균 감염을 치하는 게 목적이다.

악수가 얼마나 불결한 인사 동작인가. 악수하는 상대방의 손바닥 촉감도 가지가지다. 후끈하거나 반대로 차가운 손바닥, 쇠갈퀴처럼 뻣뻣하고 거친 손, 땀에 젖은 듯 축축한 손, 콘크리트 덩어리처럼 딱딱하고 악력(握力)이 센 손, 솥뚜껑처럼 큰손과 국수 가닥처럼 배리배리하고 가냘픈 손 등도 느낌이 안 좋고 기분이 그렇지만 더욱 꺼림칙한 건 손바닥 세균이다. 영국의 에버리스트위스(Aberystwyth)대학 연구 팀의 논문이 미국 의학 잡지 '감염 통제'에 실린 건 2014년 8월이었다. 그런데 요점은 ▲주먹치기 인사법→손바닥 마주치기→악수의 순으로, 악수의 경우 세금 감염이 주먹치기의 20배로 많다는 것이다. 더구나 화장실서 나올 때 손도 인 씻는 사람의 손바닥이야 기타 모든 사람의 손바닥 세균 평균치 수억 마리를 넘어 수십억 마리쯤 될지도 모른다.

그런데 악수하는 손바닥이든 하이파이브 마주치는 손바닥이든 정도의 차이만 있을 뿐 불결하기는 마찬가지다. 그래서 그런지 ▲일본인들은 악수를 꺼리는 정도를 넘어 거의 회피한다. 더구나 악수의 '握'자가 두 개 겹친 '握握(니기니기:악악)'이 일본어 속어로는 뇌물이라는 뜻이다. 원래는 어린아이가 손을 쥐었다 폈다 하는 '쥐엄쥐엄 죄암죄암' 동작이고 그런 뜻이지만…. 어쨌거나 일본인들은 악수를 회피한다.

▲일본인, 그들은 악수는 물론 하이파이브, 주먹치기까지 싫어하고 껴안기, 볼 비비기, 손등 키스, 볼 키스 등 스킨십은 더더욱 회피한다. 다만 서로가, 쌍방이 동시에 허리를 거의 90도 각도로 두 번 세 번씩 구부리는 인사 동작이 거의 습관적이다. 그건 오히려 과공비례(過恭非禮)가 아닌지 모를 일이다. 옛 조선인들도 그랬지만 일본인들도 옛날 귀인의 행차 때는 길 가던 행인들이 모두 길가 땅에 엎드려 머리를 조이라는 동작을 취했다. 그런 과공비례를 일본에선 '도게자(土下座:토하좌)'라고 했다. 아니 '土下座'가 아니라 실제는 '土下臥(도게가:토하와)'였다. 일본인들은 그렇게 90도 허리 굽히기 인사를 두 번 세 번 하고 난 뒤엔 명함 주고받기가 상례(常例)가 돼 있고 상대방 명함을 공손히 받아 챙긴다.

▲인도인들도 악수를 싫어해 거의 안한다. 이유는 복잡하지 않다. 상대방의 손이 더럽다고 여기는 게 전부다.

악수가 그렇게도 불결하건만 뉴질랜드 마오리족의 코끝 비비기 인사는 얼마나 불결할까. 그런데 그 마오리족 코끝 비비기보다도 더 불결한 인사법이 있다. ▲강아지처럼 콧잔등을 핥는 인사법이다. 1988년 7월 LA 베벌리 힐튼(Beverly Hilton)호텔에선 미국의 코미디 배우 제리 루이스(Rouse)가 동료 배우이자 가수이며 댄서인 새미 데이비스(Davis)의 콧잔등을 핥는 인사법을 시범, 주목을 끌었다. 상상만 해도 불쾌해지는 인사법 아닌가.

어쨌거나 ▲서양인의 인사 동작이자 예법인 악수는 이제 동서양을 막론한 전 세계 인류의 가장 보편적인 인사법이 된 지 오래다. 원래는 영국인을 비롯한 앵글로색슨 계의 여러 민족 중에서 자연발생적으로 시작된 게 악수였다.

그런데 한국인들은 언제부턴가 ▲'악수를 나눈다' '악수를 나눴다'는 말이 상투어가 돼버렸다. 도대체 두 사람이 손을 맞잡는 악수를 어떻게 나눈다는 것인지 해괴한 소리다. 한자 까막눈들은 '악수'의 '악'자도 모르겠지만 握이 '쥘 악'자다. '손으로 쥐다, 잡다'는 뜻이다. 물론 자기 손을 잡는 게 아니라 상대의 손을 잡는 것이다. 그러니까 두 사람 두 손의 결합(結合)이 악수고 두 사람이 손을 맞잡고 있는 게 악수다. 손을 떼는 순간 이미 악수는 아니다. 그런데도 마주잡은 손을 나눈다(악수를 나눈다), 결합을 나눈다는 게 말이 되는가.

그럼 끌어안는 포옹(抱擁)도 나누는 것이고 키스도 나누는 것인가. 나눈다는 건 동체(同體)가 아닌 이체(異體)로 각각 떨어지는 것 아닌가. 나눈 포옹은 이미 포옹 이후로 포옹이 아니고 나눈 키스도 키스 이후로 키스가 아니다.

참고로 '쥘 악(握)'자의 중국어 용례를 보자.

▲握手(워서우:악수)→손을 잡다, 악수하다 ▲握緊(워진:악긴)→꼭 쥐다 ▲握定(워띵:악정)→단단히 쥐다, 확실히 잡다 ▲握力(워리:악력)→손아귀 힘 ▲握手言歡(워서우이엔환:악수언환)→악수하며 담소(談笑)하다 ▲握別(워비에:악별)→악수하고 헤어지다 ▲握腕(워완:악완)→팔을 잡다. 사이좋게 지내다, 친근하게 지내다 ▲握管(워구안:악관)→붓을 잡다. 집필하다 ▲握拳(워취엔:악권)→주먹을 쥐다 ▲握髮(워파:악발)→머리카락을 움켜쥐다, 현인(賢人)을 맞이하는데 정성을 다하다. 옛날 주공(周公)이 머리를 감고 있을 때 손님이 방문하자 머리카락을 움켜쥔 채 서둘러 반가이 영접했다는 고사에서 비롯된 말이다.

이런 중국어 단어들, 握자 돌림의 말들도 나누는 게 아니고 나눌 수가 없다.

일본어의 握자 돌림 어휘도 마찬가지다. ▲握手(아쿠슈:악수)→서로 손을 잡다 ▲握力(아쿠료쿠:악력)→손아귀 힘, 손으로 쥐는 힘 ▲握り拳(니기리코부시)→주먹(을 쥠) ▲握り締める(니기리시메루)→(풀리지 않

게) 꽉 쥐다 ▲握り飯(니기리메시)→주먹밥 ▲握り屋(니기리야)→구두

쇠. 돈을 꽉 쥐고 안 쓰는 사람. 이런 握자 돌림의 일본어도 握자를

나눈다는 건 있을 수 없는 일이고 상상도 할 수 없는 일이다.

갈등도 조율하고 동맹도 조율하는 그 소리는
도대체 어떤 소리일까?

'조율'이라는 말이 도대체 무슨 뜻인가. '고를 조(調)' '벌률 률(律)' 자가 '조률'이다. '조율'이 아니라 '조률'이 원음이다. 그럼 '조률'이라는 말이 '법률을 고른다'는 뜻인가. 그게 아니라 '법률 律'자는 '율려(律呂) 률'자이기도 하다. 율(律)의 음(音)과 려(呂)의 음이 같은 '율려'고 음률(音律)이다. 즉 음의 고저(高低)가 음률이라는 거다. 그래서 우리 국어사전은 '조률→조율'이라는 말뜻을 '악기의 음을 표준에 맞추어 고르는 일'이라고 풀이했고 그렇게 하는 사람을 '조율사(調律師)' 또는 '조율공(調律工)'이라고 부른다는 것이다. 하지만 대형 관현악단(오케스트라) 공연의 막이 오르기 직전 그 무대 뒤에선 모든 악기 연주자 스스로가 악기 소리의 이상(異狀) 여부를 점검한다. 그 삑 삑 뿡 뿡 탕 탁 쨍 딩 둥 등 온갖 악기 소리가 온통 뒤범벅이 되어 들리지 않던가. 그런 소리가 바로 다름 아닌 '조율'하는 소리다. 즉 영어의 articulation이고 sound check다.

그런데 중국어 사전엔 '調律'이라는 말이 없다. '調律' 대신 '調音(탸오인:조음)'이라고 한다. 악기의 음정을 고르는 게 '調音'이라는 거다. 어쨌거나 '조율'이든 '조음'이든 그 한자의 뜻도 모르고 마구 써대고 지껄여대는 짓이야말로 실로 가관(可觀)이고 가청(可聽)이다. 볼만하고 들을만한 '可聽'이 아니라 못 들어 줄, 도무지 들어줄 수 없는 '可聽'이라는 말이다. 언론부터 '한자 까막눈'이라 온통 '조율'이라는 말 남발에 앞장서고 있는 꼴 아닌가.

▲'미북 정상회담 선언문 조율 임박' ▲'미북 2차 정상회담 공동 선언문 조율 들어간 듯' ▲'미북 정상간 대화 발표는 통상적으로 양국의 조율을 거쳐 나간다'(2019년 5월 9일 모 신문 사설) '유능한 리더십은 동맹을 조율하고 국방을 강화해…'(2019년 5월 31일 모 신문 칼럼). 이렇듯 두 나라가 정상회담을 조율하고 동맹 간에도 조율을 한다면 도대체 그 양국과 동맹은 각각 무슨 악기들을 주무르며 조율을 한다는 것인지 묻고 싶다. ▲'시진핑(習近平)이 6월말 방한 일정 조율

중(2019년 5월 18일 신문)'이라면 그는 또 무슨 악기로 조율공처럼 몸소 조율을 한다는 것이고 미국과 북한이 3차 정상회담을 한다면 그 또한 무슨 악기들을 가지고 조율을 하고 조음(調音)을 한다는 것인가. 그들 정상이 고이 미쳤나? 뮤지션(음악가) 출신 정상들도 아닌데 왜, 무엇 때문에 뭘 조율하기 위해 늘 빠뜨림 없이 악기를 챙겨 갖고 다녀야 한다는 것인가. 그건 말짱 엉터리 짓이고 미친 짓 아닌가.

더욱 웃기다 못해 소름끼치는 건 또 '북핵을 조율한다'는 것이다. 1990년대 YS 때의 신문 제목이 '북핵 최종 조율'이었다. 그런데 북한 핵은 조율을 하는 것이 더 무서운 일인가 아니면 조율을 하지 않고 내버려두는 핵이 더욱 무서운 괴물인가. 사람 사이의 사소한 갈등과 상충조차도 일일이 악기를 끌어안고 냅다 조율을 해대야 해결된다는 것인가 뭔가. 배꼽 움켜쥐고 자지러질 일은 또 '한 달째 머리 못 만진 MB, 이발 외출 놓고 조율 중'이라는 2019년 4월 2일 모 신문 기사다. 아니, MB가 옥중으로부터 이발하러 외출하는 게 그렇게도 신이 나서, 그게 무슨 악기인지는 몰라도 악기를 꼬나들고 조율을 한다는 것인가 무슨 소린가.

조율이 꼭 필요한 경우는 부부간의 금슬이다. '금슬(琴瑟)'이란

다름 아닌 거문고와 비파를 가리키기 때문이다. 남편이 거문고, 아내는 비파인지 뭔지는 몰라도 아무튼 부부 사이가 좋다 나쁘다고 말할 때의 그 비유가 '금슬이 좋다 나쁘다'가 아닌가. 중국에서도 부부 사이가 화목하다는 것을 '琴瑟和鳴(친써허밍:금슬화명)'이라 하고 부부가 화목하게 살아가는 것을 '琴瑟友之(친써여우즈:금슬우지)'라고 한다. 일본에도 '금슬상화(琴瑟相和:킨시쓰아이와)'라는 말이 있고 부부 간의 '금슬이 좋다'는 뜻이다.

그러니까 거문고와 비파로 매일같이 조율이 필요하고 긴요한 인간관계는 바로 부부 사이다. 아니, 중국에선 모든 악기의 총칭이 바로 '琴瑟鐘鼓:친써중구:금슬종고)' 즉 거문고, 비파, 그리고 종과 북이다.

아무튼 '조율'이라는 말이 무슨 뜻인지도 모르고 남발하는 한자 까막눈들이야말로 한심하고도 어처구니가 없다. 그럼 남발하는 '조율'이라는 말과 대체(代替)할 적당한 단어라면 뭐가 있을까. 조절, 조정(調整, 調定, 措定, 調停), 협상, 협의, 타협, 논의, 의논, 상의' 등 다수다.

악기 조율 소리야 온통 시끄러울 뿐이다. 그러나 그 악기를 연주하는 음악 소리는 어떤가. 그 이상 황홀한 게 또 있는가. 노래 소리도 사람을 홀리지만 악기 연주 소리 또한 얼마나 인간을 황홀하게 홀리는가. 노래와 악기(연주) 소리, 그 대표적인 예를 각각 하나씩만 들어 보자.

전자의 경우 '로렐라이(Lorelei)의 언덕'부터 연상된다. 독일 라인 강 중류 강가의 큰 바위 이름이 로렐라이다. 그런데 그 강물을 오가던 뱃사람들이 그 바위 위에서 쉬고 있던 '물의 요정(妖精)'의 간드러지고 아름다운 노래 소리에 흠뻑 취해 그만 배와 함께 깊은 강물 속으로 잠겨 들어간다는 전설 말이다. 그 '로렐라이의 언덕'은 하인리히 하이네 시(詩), 프리드리히 질허(Silcher) 작곡의 가곡으로도 만들어져 유명하지 않은가.

사람을 홀리는 악기 소리라면 또 고대 그리스의 전설적인 음악가 오르페우스(Orpheus)가 가지고 다니며 연주했다는 악기 '리라(Liras)'부터 꼽지 않을 수 없다. 리라는 그리스의 U자형 현악기로 줄의 수는 정확치 않으나 7개 정도다. 그런데 그 악기를 연주하는 소리가 하도 좋아 산과 들에서 맹위를 떨치던 짐승들도 그 악기 소리에 홀려 귀를 기울이며 잠잠해졌고 숲 속의 모든 나무들도 숨을 죽였는가 하면 바다의 거센 파도조차 잔잔해졌다는 거 아닌가. 그런 사실은 오르페우스 그가 함선을 타고 아르고로 원정 가는 도중 풍파를 만났으나 그의 노래와 악기 연주 소리로 거센 파도가 곧 잠잠해진 사실로도 증명됐다고 하지 않던가.

악기란 무엇인가. '음악을 연주하는 데 쓰이는 기구'인 악기는 종류가 극히 많으나 음악 형식의 성질상 절주(節奏)악기, 선율(旋律)악기, 화성(和聲)악기로 나뉠 수 있고 악기 주법(奏法)상 현악기 관악기 타악기로 분류될 수 있다. 그런가 하면 여러 가지 다른 명칭으로 분류될 수도 있다. 북 드럼 장구 탬버린 팀파니(timpani) 등 팽팽하게 당겨진 막(膜)을 진동시켜 소리를 내는 악기를 '막명(膜鳴)악기'라 하고 바이올린, 첼로 등 활로써 현(弦)을 마찰시켜 소리를 내는 악기를 '찰현(擦弦)악기'라고 한다. 그런데 그 찰현악기를 '찰주(擦奏)악기' 또는 '궁현(弓弦)악기'라고도 한다. 그런가하면 바이올린 기타 하프 호궁(胡弓) 거문고 가야금 피아노 등 고정된 위치에 매인 줄의 진동으로 소리를 내는 악기를 '현명(弦鳴)악기'라고 한다.

'기명(氣鳴)악기'니 '체명(體鳴)악기'니 '전명(電鳴)악기'라는 호칭도 있다. 나팔 피리 백파이프 파이프오르간 오카리나(ocarina) 클라리넷 오보에 트럼펫 등 공기의 진동으로 소리를 내는 악기가 기명악기고 철금(鐵琴) 종(鐘) 징 마라카스(maracas) 첼레스타(celesta) 등

맞부딪치거나 두드리거나 퉁기거나 비벼서 소리 내는 악기가 체명악기, 그리고 20세기 들어 발달된 전기 장치로 소리를 내는 전자오르간 전자음향합성기가 전명악기다.

그렇다면 음악을 좋아하고 악기 소리를 즐기고 오케스트라 연주회 등을 빠뜨리지 않고 감상하는 음악광 악기광(狂)들이라면 또 악기에 대해 얼마나 알고 있고 몇 가지 악기나 이해할 수 있을까. 전 세계 악기를 가나다순으로 열거해 보면 다음과 같다. 자그마치 199가지나 된다. '조율'이라는 말이 입에 오른 언론인들에게 먼저 묻고 싶다. 도대체 이 많은 악기 중에 무슨 악기와 어떤 악기들로 조율을 한다는 것인가?

▲가야고(伽倻—)→한국 고유의 현악기 중 하나로 신라 진흥왕 때 가야국의 가실(嘉實)왕이 악사 우륵(于勒)을 시켜 처음 만들었다는 악기다. 가야금(伽倻琴)은 '가야고'의 통속적 호칭이다.

▲각(角)→뿔로 만든 원시적인 피리. 또 그와 비슷한 피리의 총칭.

▲갈고(羯鼓→아악 연주 때의 타악기의 하나로 장구와 거의 같다. 羯은 '불(생식기) 깐 양 갈'자다.

▲거문고→한국의 아악(雅樂) 및 속악(俗樂) 연주에 쓰이는 현악

기다. 고구려 때 왕산악(王山岳)이 중국의 칠현금(七絃琴)을 고쳐 만들었다는 악기다. 거문고를 사동(絲桐) 또는 현금(玄琴, 弦琴) 현학금(玄鶴琴) 학금(鶴琴)이라고도 한다. '鶴琴'이란 고대 중국의 거문고 명인이었던 스쿠앙(師曠:사광)이 거문고를 연주할 때 검은 학들이 그 소리에 홀려 모여들었다는 한비자(韓非子)의 고사에서 유래한 말이다. '유어출청(游魚出聽)'이라는 말도 있다. 거문고 소리가 하도 기묘해 물고기들마저 물 위로 떠올라 듣는다는 뜻이다. 이쯤 되면 악기 중 악기, 최고의 악기는 단연 거문고가 아닐까.

▲건고(建鼓)→아악기(雅樂器)에 속하는 타악기의 하나. 예날 궁중 조회(朝會)와 연회(宴會)의 헌가악(軒架樂) 합주 때 그 시작과 끝을 쾅쾅 울려 알리던 멋진 악기다.

▲계루고(鷄婁鼓)→고대 중국의 북의 한 종류. 둥근 통의 양쪽에 가죽을 댄 양면고(兩面鼓)로 직경 20cm 정도다. 왼쪽 겨드랑이에 끼고 오른손의 채로 치게 돼 있다.

▲공후(箜篌)→옛날 우리나라를 비롯해 중국, 일본에서 쓰이던 현악기(絃樂器)의 하나다. 악기의 모양새와 음색이 서양의 하프와 비슷하다.

▲교방고(敎坊鼓)→당악기(唐樂器)에 속하는 타악기의 하나. 중국

당나라 교방(敎坊→기생학교)에서 쓰던 북으로 당악(唐樂)에 사용되었다.

▲그랜드 피아노→현(弦)을 수평으로 쳐 놓은 대형 피아노. 다리가 셋이고 위가 평평한데 주로 연주회용이다.

▲기타(guitar)→가장 흔한 현악기(絃樂器) 중 하나. 기타 하면 연상되는 사람은 19세기 스페인의 기타 연주가이며 작곡가인 프란시스코 타레가(Tarrega)다. 근대 기타 주법(奏法)의 창시자로 알려져 있고 '알함브라(Alhambra) 궁전의 추억' 등을 작곡했다. 그런데 기타나 만돌린과 같은 악기를 켤 때 오른손에 쥐고 사용하는 셀룰로이드 같은 작은 삼각형이나 사각형 쪼가리를 뭐라고 할까. 그게 바로 '피크(pick)'다. 또한 가장 소리가 크고 음색 변화가 자유롭게 큰 기타로는 또 '하와이안 기타'가 있다. 전기 증폭기를 응용하기 때문이다.

▲꽹과리→소금(小金)을 농악기로 일컫는 말. 동고(銅鼓→구리 북) 또는 쟁(鉦)이라고도 한다. 鉦은 '쇳소리 쟁'자다. 뛰어난 인물들, '쟁쟁한 인물들'이라고 할 때의 그 '쟁쟁'이 바로 '鉦鉦'이다.

▲나팔(喇叭)→①금속으로 만든 관악기의 하나. 군대가 행진할 때 부는 악기로 모양은 여러 가지나 대개 몸통을 꼬부려 감아 짧게 만든다. ②속칭 끝이 나팔꽃 모양으로 생긴 금관악기의 총칭.

▲노고(路鼓)→아악기의 하나로 붉은 칠을 한 기름한 사면고(四

面鼓)다. 주로 인제(人祭)에 쓰인다.

▲노도(路鼗)→아악기의 하나로 문묘(文廟) 제향(祭享)의 헌가악(軒架樂)에서 주악(奏樂)을 시작할 때 흔들어 사용한다. 兆(조) 밑에 敲(고)가 붙은 어려운 글자 鼗는 '땡땡이 도'자다. 동서고금의 악기 이름 중 가장 어렵지 않나 싶다.

▲뇌고(雷鼓)→아악기의 하나로 천제(天祭)에 쓰이는 북이다. 여섯 면(面)으로 되어 있고 북통에 검은 칠을 해 틀에 매어단 별난 북이다.

▲다마루(damaru)→인도에서 사용하는 북의 하나. 별난 것은 뱀을 놀릴 때 주로 쓰이는 자루가 긴 북이라는 점이다. 티베트에서 라마교 행사 때 손에 쥐고 치는 자루 달린 북도 '다마루'라는 똑같은 이름이지만 모양새가 좀 다르다.

▲당비파(唐琵琶)→당악기(唐樂器)에 속하는 발현(撥絃) 악기의 하나로 네 줄과 열두 기둥으로 되어 있다. 우리나라에서는 신라 때부터 쓰였고 고려 때에는 당악에만 사용되었으나 조선조에서는 향악곡(鄕樂曲)에 쓰였다.

▲당(唐)피리→당악기에 속하는 피리로 구멍이 여덟 개인데 둘째 구멍은 뒤에 뚫려 있다. 우리나라에서는 고려 때 송나라에서 들

여와 종묘제례악(宗廟祭禮樂)에 주로 쓰였다.

▲대각(大角)→군대에서 호령할 때나 또는 군악(軍樂)과 아악(雅樂) 연주 때 쓰이는 자루가 긴 나팔 같은 악기다.

▲대금(大金)→국악기의 하나로 놋쇠로 대야처럼 만들었지만 징보다 작다. 면의 직경이 32cm다.

▲대금(大笒)→똑같은 대금인데 한자가 다르다. 大笒은 향악기의 하나로 관의 길이가 82cm로 길고 높은 음은 청아(淸雅)하고 낮은 음은 우아하다. 독주와 합주에 두루 쓰인다.

▲대쟁(大箏)→당악기에 속하는 발현 악기의 하나. 15현(絃)이고 모양은 가야고와 비슷하나 조금 크다.

▲덜시머(dulcimer)→세모꼴의 현(弦)이 달린 타악기의 하나. 피아노의 전신으로 알려져 있다.

▲도(鼗)→아악기에 속하는 타악기의 하나. 북 하나를 장대에 꿴 모양이 특이하다. 兆 밑에 鼓가 붙은 鼗는 '땡땡이 도'자다. 鼗를 '도고(鼗鼓)'라고도 한다.

▲독(牘)→옛날 관악기(管樂器)의 하나. 길이 1~2m의 길고 굵은 대롱처럼 생겼다.

▲돔라(domra)→러시아의 민속악기. 만돌린과 비슷하며 자루

가 길고 세 줄의 금속 현(絃)이 있다.

▲드럼(drum)→서양 타악기의 한 가지. 사이드 드럼, 베이스 드럼 등이 있다.

▲라나트(ranāt)→태국의 악기. 나무 상자 위에 대쪽 건(鍵)을 가로 늘어놓고 두 채로 때려 연주하는 목금(木琴)이다.

▲라바브(rabāb)→이슬람 주민들의 이현(二絃) 악기다. 호궁(胡弓) 비슷하게 활로 켜 연주한다.

▲라베카(rabeca)→포르투갈의 악기로 호궁(胡弓)과 비슷하다.

▲래틀(rattle)→흔들어 소리를 내는 체명(體鳴)악기의 총칭이 래틀이다.

▲류트(lute)→가장 오래된 종류의 현악기 중 하나. 이집트와 아라비아를 거쳐 중세 때 유럽에 들어갔고 18세기 말엽까지 독주 및 합주용으로 쓰였다. 모양은 만돌린과 비슷하다.

▲리드 오르간(reed organ)→금속으로 만든 리드가 있고 페달을 밟아 공기를 불어넣음으로써 리드를 떨게 하는 원리의 악기로 작은 오르간이다. 옛날 미국이 개척지였을 때 운반이 편리한 까닭에 많이 사용하였으므로 '아메리칸 오르간'이라고도 부르고 우리가 흔히 말하는 풍금(風琴)이 바로 리드 오르간이다. reed는 갈대라는 뜻으

로 갈대피리, '목적(牧笛)'으로도 통하지만 음악에서는 '악기의 혀'라고 불린다.

▲리라(lyra)→두 가지가 있다. 하나는 고대 그리스의 작은 발현(撥絃)악기로 조그만 하프와 비슷하고 또 하나는 취주악(吹奏樂)에 사용하는 휴대 연주용의 철금(鐵琴)이다.

▲마두금(馬頭琴)→몽골의 찰현(擦絃)악기. 호궁(胡弓)과 같은 종류로 대형이다.

▲마라카스(maracas)→라틴 아메리카 음악에 쓰이는 리듬 악기의 일종이다. 원래 야자과 식물인 마라카의 열매를 말린 뒤 그 속에 건조된 씨나 구슬을 넣어 양손에 하나씩 쥐고 흔들어 소리를 내는 가장 원시적(?)인 악기 중 하나다. 룸바 삼바 맘보 때 쓰인다.

▲마림바(marimba)→타악기의 한 가지. 주로 멕시코에서 사용되는 악기로 목금(木琴)보다 크다. 음역이 넓어 독주와 합주에 두루 사용된다.

▲만돌린(mandolin)→비파처럼 생긴 현악기의 하나로 독주 합주 반주용으로 널리 사용되는 악기다.

▲무고(舞鼓)→노래와 춤판을 벌였던 옛날 대궐 안 잔치, 즉 정재(呈才) 때 기생이 춤을 추며 치던 북이다.

▲바순(bassoon)→오보에보다 두 옥타브 낮은 저음의 목관 악기. 2중의 혀가 있는 큰 피리로 낮은 소리를 낸다. 파고트(Fagott→독일) 또는 파고토(fagotto→이탈리아)라고도 부른다.

▲바이올린(violin)→현악기(絃樂器)의 한 가지. 음역이 넓고 음색도 순수 화려하며 표현의 기술도 폭이 넓어 독주, 실내악, 관현악 등 연주에 두루 쓰이는 대표적인 악기 중 하나다. 16세기 이탈리아의 살로(Salo)가 처음 만들었다고 한다.

▲박(拍)→국악의 타악기 중 하나로 박자(拍子)의 준말이 바로 '拍'이다.

▲박부(搏拊)→옛 중국의 아악기 중 하나다. 절고(節鼓)보다 작은데 우리나라에서는 고려 때 등가악(登歌樂)에 쓰였다고 한다.

▲반도네온(Bandoneon)→손풍금의 일종으로 음색과 구조가 아코디언과 비슷하나 아코디언으로는 표현하기 어려운 스타카토(staccato) 주법(奏法)이 가능하다는 것이다. 아르헨티나 탱고의 주요한 주악기(奏樂器)다.

▲발랄라이카(balalaika)→만돌린 종류의 삼현(三絃) 악기다. 음색이 감상적이고 우울한 게 특징으로 러시아 우크라이나 농민이 많이 쓴다.

▲방향(方響)→당악기(唐樂器)에 속하는 타악기의 하나. 철향(鐵響)이라고도 한다.

▲백파이프(bagpipe)→스코틀랜드의 민속악기로 공기 주머니가 달린 피리다. 중세에는 유럽 전역에 퍼지기도 했으나 요즘에는 영국군의 군악대 등에서 사용한다.

▲밴조(banjo)→발현(撥絃)악기의 하나. 絃은 보통 4~5줄이며 주로 미국 민요나 재즈 음악 연주 때 쓰인다. '밴조를 울리며 마차는 간다…'는 그 노랫가락의 밴조다.

▲베이스(bass)→기악 합주곡에서 최저 음부를 맡는 악기들이다. '베이스 드럼'은 '큰 북'의 영어명이고 반대말은 '사이드 드럼'이다. '베이스 클라리넷(clarinet)'은 변(變)나조(調)의 클라리넷보다 한 옥타브 낮은 클라리넷이고 '베이스 튜바(tuba)'는 대형 금관악기의 하나로 최저음 튜바다. 또한 베이스 트롬본(trombone)은 저음 트롬본이고 베이스 플루트(flute)는 보통 플루트보다 음역이 4도 낮은 플루트다.

▲보낭(bonang)→인도네시아의 별난 고유의 악기다.

▲봉고(bongo)→라틴 아메리카 음악에 사용되는 타악기의 하나. 크기가 서로 다른 두 개의 북이 1조로 사용된다.

▲봉바르동(bombardon)→튜바(tuba)와 비슷한 프랑스의 대형

저음 금관(金管)악기다.

▲부(缶)→아악기(雅樂器)의 토부(土部)에 속하는 타악기의 하나. 질로 구워 화로같이 만든 악기로 속칭 '질 장구'다. 缶는 '장군 부'자다.

▲북→타악기의 하나. 작은북, 큰북, 무고(舞鼓) 등이 있다. 태고(太鼓), 고(鼓), 드럼(drum), 탕부르(tambour).

▲뷰글(bugle)→색스혼(saxhorn) 종류의 악기 중 하나다.

▲블록플뢰테(Blockflöte)→취구(吹口)에 마개가 있는 16세기 독일 목관(木管)악기의 일종이다.

▲비나(vīnā)→인도의 악기로 동양 최고(最古)의 현악기 중 하나. 굵고 긴 자루에 5~12줄의 현(弦)을 매었으며 인도 고유의 반음계(半音階)를 구성하고 소리는 비파와 비슷하다.

▲비브라폰(vibraphone)→타악기의 하나. 주로 경음악, 재즈 등에 쓰이는 철금(鐵琴)으로 독특한 긴 여운이 특색이다.

▲비올(viol)→비올라가 아니고 '비올'이라는 악기도 있다. 15~18세기에 유럽에 보급되었던 찰현(擦絃)악기의 일종이다.

▲비올라(viola)→바이올린 속(屬)의 4현(絃) 찰현 악기다. 바이올린과 첼로의 중간 악기로 소리가 어둡고 우울한 음감(音感)을 자아낸다.

▲비올라 다 감바(viola da gamba)→18세기경까지 쓰였던 비올(viol) 속에 속하는 저음부의 옛 현악기로 첼로와 비슷했다.

▲비올라 다모레(viola damore)→옛 현악기의 하나. 비올라보다 크고 소리가 부드럽고 우아하다.

▲사랑기(sārangi)→북인도의 민속 현악기. 남자용 악기로 주로 무용 반주에 쓰인다.

▲사로드(sarod)→북인도의 민속 발현(撥絃)악기의 하나.

▲사론(saron)→인도네시아의 민속 악기로 선율(旋律) 타악기의 한 가지다.

▲사뤼소폰(sarrussophone)→리드(reed→악기의 혀)가 두 개 달린 금속관을 가진 관악기의 한 가지. 음색이 곱도 음량이 풍부하며 연주가 용이하다.

▲사피선(蛇皮線)→일본의 전통악기 샤미센(三味線)과 비슷한 현악기(絃樂器)다. 통에 뱀의 껍질을 붙이고 줄이 셋인 사피선은 중국 원나라 때 발명되어 명~청(明~淸) 때에는 속악에 쓰였다. 그 악기가 일본 류큐(琉球)에 건너가 민속악기가 되고 일본의 대표적인 악기인 샤미센의 바탕이 됐다. '류큐'는 오키나와(沖繩)의 딴 이름이다.

▲삭고(朔鼓)→아악기에 속하는 북의 한 가지로 응고(應鼓)와 비

숫한데 약간 크다. 풍악의 시작을 알릴 때 둥둥 친다.

▲산자(sanza)→아프리카 흑인의 대표적인 타악기다.

▲삼현금(三絃琴)→줄 셋을 매어 만든 거문고다.

▲색소폰(saxophone)→발명자인 19세기 벨기에 사람 색스(Sax)에서 온 관악기의 한 가지. 금속제로 리드(reed)는 하나뿐이며 구조는 클라리넷과 비슷하나 똑바로 된 것과 아래 위가 구부러진 것이 있다. 부드럽고 감미로운 소리를 내면서도 음량이 풍부하여 취주악 또는 재즈에 많이 쓰이는 악기다.

▲색스혼(saxhorn)→색스혼도 색소폰처럼 벨기에의 발명자 색스의 이름에서 왔고 취주악의 중심인 금관악기다.

▲생황(笙簧·笙篁)→아악(雅樂)에 쓰는 관악기의 하나로 준말은 생(笙)이다.

▲샤미센(三味線)→일본 음악의 대표적인 현악기. 줄이 셋이다.

▲소(簫)→아악기(雅樂器)에 속하는 피리의 하나. 簫는 '퉁소 소' 자다.

▲소구→'소고(小鼓)'에서 온 이름으로 농악기의 하나다.

▲수고(手鼓)→'손북'이라는 뜻이다. 우리나라 속악 민요 악기로 직경 약 30cm에 손잡이가 달렸다.

▲수르나이(surnay)→인도에서 만들어져 동남아시아, 중국, 우리나라에까지 퍼진 동양의 관악기 중 하나다. 호명(呼名) 또한 각각이다. 인도에서는 수르나이 또는 사나이(sanai), 인도네시아에서는 수르네이(surnay), 중국에서는 쇄납(쑤어나), 우리나라에서는 태평소, 일본에서는 차르멜라(charamela 등.

▲수자폰(sousaphone)→발명자 수자(Sousa)의 이름에서 유래한 금관악기의 한 가지. 관신(管身)이 둥글게 말려져 있으며 끝이 위로 퍼진 것이 특색이고 댄스 밴드, 군악대 등에서 쓰인다.

▲스틸 기타(steel guitar)→미국의 경음악용 기타의 일종이다. 흔히 전기로 소리를 증폭시키는데 특히 웨스턴 음악이나 하와이안(Hawaiian) 음악의 연주에 쓰인다.

▲스피네트(spinet)→건반(鍵盤)이 달린 발현악기(撥弦樂器)의 한 가지로 16~18세기에 많이 쓰였다.

▲슬(瑟)→아악기에 속하는 발현악기의 하나. 길이가 210cm나 되고 폭이 24cm로 현존 현악기 가운데 가장 크다.

▲시링크스(syrinx)→고대 그리스의 신화에 나오는 목양신(牧羊神)이 불던 피리로 세계에서 가장 오래된 목관(木管) 악기다.

▲시타르(sitār)→페르시아어로 '네 개의 현(弦)'이란 뜻으로 페르

시아의 발현악기다.

▲실로폰(xylophone)→타악기의 하나. 자일로폰, 크실로폰, 목금(木琴)이라고도 부른다.

▲심벌즈(cymbals)→타악기의 하나. 동양의 바라를 그대로 유럽에서 채용한 악기로 금속 원반(圓盤)을 마주쳐서 소리를 낸다.

▲아박(牙拍)→국악 타악기의 하나. 고려시대에 상아나 고래 뼈, 사슴뿔로 만들어진 작은 박(拍)으로 아박무(牙拍舞)에서 무희(舞姬)가 두 손으로 마주잡고 친다.

▲아울로스(aulos)→고대 그리스의 관악기. 디오니소스 제례(祭禮) 음악에 쓰였다. 시링크스와 함께 세계 최고(最古)의 악기다.

▲아쟁(牙箏)→당악기(唐樂器)에 속하는 찰현(擦絃)악기의 한 가지. 대쟁(大箏)과 비슷하나 그보다 작은 칠현(七絃)악기다. '알쟁(戛箏)'이라고도 부른다.

▲아코디언(accordion)→경음악에 쓰이는 손풍금. '핸드 오르간'이라고도 부르고 '아코르데옹'은 프랑스어 호칭이다.

▲알토 호른(alto horn)→여성(女聲)의 가장 낮은 음인 알토의 음역을 가진 나팔이다.

▲약(籥)→籥이 '피리 약'자인 것처럼 아악기(雅樂器)에 속하는 피

리의 하나가 '약'이고 고대 중국의 악기다.

▲양금(洋琴)→한국과 중국에서 쓰는 속악기(俗樂器)로 타현(打絃) 악기의 하나다. 원래 아라비아와 페르시아 악기였는데 10~12세기 십자군에 의해 유럽에 전해졌고 명나라 때는 중국에, 우리나라엔 조선왕조 영조 때 들어왔다. 금속성의 맑은 음색이 특색이다.

▲어(敔)→敔는 '악기 이름 어'자로 엎드린 호랑이 형상을 한 타악기의 하나가 '어'다.

▲어프라이트(upright) 피아노→현(絃)을 세로로 친 직립형(直立形)의 피아노. 즉 수형(竪型) 피아노다. '어프라이트'는 '어프라이트 피아노'의 준말이다.

▲엘렉톤(electon)→일본에서 완성한 전자 악기의 하나.

▲영고(靈鼓)→아악기에 속하는 타악기의 하나. 주로 지신(地神)에게 제사 지낼 때 치던 팔면고(八面鼓)다.

▲영도(靈鼗)→아악기에 속하는 타악기의 하나. 조선 세종 때 중국 명나라로부터 들어온 별난 악기다. 兆 밑에 鼓가 붙은 어려운 글자는 북의 일종인 땡땡이의 '땡땡이 도'자다.

▲오보에(oboe)→관현악용의 높은 음을 내는 목관(木管)악기. 아름답고 부드러운 목가적(牧歌的) 음색이 특징이다.

▲오보에 다모레(oboe d'amore)→'사랑의 오보에'라는 뜻으로 오보에 속(屬)의 목관악기다. 음역이 보통의 오보에보다 낮다.

▲오카리나(ocarina)→진흙 또는 사기로 만든 취주(吹奏)악기의 하나. 모양이 비둘기 같다.

▲옥적(玉笛)→청옥이나 황옥으로 만들었고 모양이 대금(大笒)과 비슷한 취주(吹奏)악기다.

▲옹도 마르트노(Ondot Martenot)→프랑스 사람 마르트노가 1924년 발명한 전기(電氣)악기다. 해먼드 오르간(hammond organ)과 동일하게 건반을 사용하면서 전기 조작으로 소리를 낸다.

▲완함(阮咸)→중국 진(晉)나라 때 죽림칠현(竹林七賢) 중 한 사람인 완함이 만들었다고 전해지는 현악기다. 우리나라에서는 '월금(月琴)'이라 부른다.

▲용고(龍鼓)→국악에 쓰이는 타악기의 하나. 북통에 꿈틀거리는 용을 그렸다.

▲우드(ud)→아라비아·터키의 대표적인 발현(撥絃)악기로 길이가 75~80cm쯤 돼 만돌린보다 크고 기타보다 작다.

▲우쿨렐레(ukulele)→기타와 비슷한 미국의 네 줄 현악기. 원래

하와이 원주민이 사용했으나 미국 본토에도 널리 퍼진 악기다.

▲운라(雲羅)→청나라 때에 생긴 중국의 타악기. 우리나라에서는 조선왕조 후기부터 취타(吹打)와 당악(唐樂) 계통의 음악 연주에 쓰였다.

▲운오(雲璈)→중국 원나라 때 궁중에서 쓰던 악기의 한 가지. 구리로 만든 조그만 징인데 청나라 때 운라(雲羅)로 변했다. 璈는 '악기 이름 오'자다.

▲월금(月琴)→당악부(唐樂部)에 속하는 발현악기의 하나다. 당비파와 비슷하나 좀 작다. 중국에서는 목이 짧은 것을 월금, 목이 긴 것을 완함(阮咸)으로 구별한다.

▲유포늄(euphonium)→튜바의 한 가지. 놋쇠로 만든 저음 관악기다.

▲응고(應鼓)→아악기에 속하는 북의 일종. 삭고(朔鼓)와 비슷한데 약간 작다.

▲일현금(一絃琴·一弦琴)→길이가 석 자가 넘는 나무에 한 가닥만의 현(絃)을 친 별난 악기다.

▲잉글리시 호른(English horn)→오보에 계통의 세로 부는 목관악기. 대편성의 관현악에 사용된다. 코르 앙글레(cor anglais).

▲자바라→국악기의 하나. 두 짝으로 된 둥글넓적한 타악기다. 인도에서 수입된 악기로 알려져 있고 오늘날의 심벌즈(cymbals)는 바로 이 악기가 발달된 것으로 추측된다. 준말은 '바라'다.

▲작은 북→①소형의 북. 소고(小鼓). ②사이드 드럼(side drum). 서양의 타악기의 하나.

▲장구→'杖鼓'에서 왔다는 말로 국악의 타악기의 하나다. 고려 때 중국의 장고(杖鼓)가 전해진 것이라 하며 우리나라 대표적 악기다. 정악(正樂), 속악(俗樂)의 반주 합주 독주에 널리 쓰인다. '요고(腰鼓)'라고도 불린다.

▲쟁(箏)→모양이 대쟁(大箏)과 같은 현악기다.

▲저→가로 불게 된 관악기의 총칭이다. 적(笛), 횡적(橫笛).

▲절고(節鼓)→아악기에 속하는 타악기의 하나. 진고(晉鼓)와 비슷하나 동체(胴體)가 그보다 짧다. 등가악(登歌樂)에만 편성되며 주악(奏樂)의 시작과 마칠 때 쓰인다.

▲제금→자바라의 한 가지나 자바라보다 작다. 놋쇠로 만든 직경 20cm 정도의 냄비뚜껑 비슷한 두 짝을 마주쳐 소리를 내는 악기다. '동발(銅鈸)'이라고도 부른다.

▲좌고(座鼓)→국악에 쓰이는 타악기의 하나.

▲중고(中鼓)→국악의 타악기의 하나. 조선왕조 정조 때 중국 청나라에서 들어온 악기로 용고(龍鼓)와 함께 군중(軍中)에서 쓰인다.

▲진고(晉鼓)→아악기(雅樂器)에 속하는 타악기의 하나. 북 가운데 가장 큰 북으로 헌가악(軒架樂)의 시작과 그칠 때 친다. 고려 예종(睿宗) 때 중국 송나라에서 들어왔다.

▲징→국악기의 하나로 ‘정(鉦)’에서 온 명칭이다. 놋쇠로 대야처럼 만든 악기다. 불사(佛寺)나 농악, 무악(巫樂) 등에 쓰인다.

▲차랑고(charango)→남미 안데스 지방의 인디오들이 애용하는 기타 계통의 소형 현악기.

▲철금(鐵琴)→관현악에 쓰이는 악기의 한 가지. 철심금(鐵心琴)이라고도 하고 ‘비브라폰’이라고도 부른다.

▲철적(鐵笛)→①날라리 ②쇠로 만든 저

▲첼레스타(celesta)→피아노와 비슷하게 생긴, 건반이 있는 소형 타악기. 강철로 만든 음판(音板)을 해머로 쳐서 소리를 낸다. 음색이 맑고 깨끗하며 날카롭다.

▲첼로(cello)→대형 바이올린계의 저음 현악기. 현이 넉 줄이며 의자에 앉아 악기의 동체(胴體)를 무릎 사이에 끼고 활을 수평으로 하여 연주한다. 침착하고 유현(幽玄)한 음색을 갖고 있어 독주 또는

합주 악기로 중용된다. 비올론첼로(violoncello)라고도 부른다.

▲축(柷)→나무로 만든 아악기(雅樂器)에 속하는 타악기의 한 가지. 柷은 '악기 이름 축'자다.

▲치터(Zither)→현악기의 한 가지. 오스트리아와 남독일, 스위스 등에 옛날부터 전해오는 악기다.

▲칠현금(七絃琴)→일곱 줄로 된 거문고의 딴이름이다. 중국 고대 주(周)나라의 부자(父子)왕인 문왕과 무왕이 오현금(五絃琴)에다 칠현금을 더했다고 한다.

▲카눈(qānūn)→이슬람권 국가의 발현(撥絃)악기.

▲카리용(carillon)→프랑스의 타악기 중 하나다.

▲캐스터네츠(castanets)→스페인의 타악기. 두 짝의 목편(木片)이나 상아를 손가락에 끼워 서로 마주 때리면서 소리를 낸다. 기타와 함께 스페인 무용의 반주에 쓰며 교향 관현악에서는 자루가 달린 것을 사용한다.

▲케나(quena)→남미 페루의 안데스지방 인디오들이 애용하는 소형의 피리. 애조(哀調)를 띤 음색의 멜로디 악기다.

▲케만체(kemanche)→아라비아, 북아프리카 등 이슬람권 특유의 호궁(胡弓). 달걀 모양의 몸통에 3현의 악기다.

▲코넷(cornet)→트럼펫과 비슷하게 생긴 금관악기. 19세기 중엽 프랑스에서 만들어진 악기로 트럼펫보다 원형에 가깝고 음색이 조금 부드럽다. 취주악(吹奏樂)에 많이 쓰인다.

▲콘서티나(concertina)→육각형 초롱 모양의 손풍금이다.

▲콘트라베이스(contrabass)→바이올린 종류의 현악기 중에서 최저음을 내는 악기. 중후한 음색으로 여운이 길다. '더블 베이스(double base)' 또는 '콘트라밧소(contrabasso)'라고도 부른다.

▲콘트라파곳토(contrafagotto)→목관 악기의 하나. 파곳토 속(屬)에서 가장 크고 최저의 음역(音域)을 맡는다. 목관의 관의 길이가 무려 5.93m에 달하기 때문에 여러 겹 겹쳐 있다. 17세기 초 독일에서 만들어졌고 19세기 후반에 개량됐다. 더블 바순(double bassoon)이라고도 한다.

▲콩가(conga)→쿠바의 민속음악에서 사용하는 타악기 중 하나다. 손으로 두드리면 힘찬 소리가 난다.

▲콩윙(khong wong)→태국의 전통 타악기.

▲큰당(kĕndang)→인도네시아, 말레이반도의 타악기다.

▲큰 북→크고 무겁게 만든 타악기로 땅에 놓거나 받쳐 놓고 친다.

▲클라리넷(clarinet)→관현악이나 취주악에 흔히 쓰이는 목관

(木管)악기. 클라리오넷(clarionet)이라고도 부른다.

▲클라리온(clarion)→나팔의 한 가지. 옛날 전쟁의 신호용 또는 관현악에 사용되었고 또 하나, 오르간의 클라리넷과 같은 음색을 내는 음전(音栓)도 클라리온이라고 한다.

▲클라비코드(clavichord)→피아노가 발명되기까지 하프시코드와 병용되었던 건반 현악기다. 건반을 누르면 작은 금속편(金屬片)이 현(弦)을 때려 소리가 나게 돼 있다.

▲키타라(kithara)→고대 그리스의 발현(撥絃)악기로 후세에 기타의 기본이 된 악기다.

▲타르(tār)→이란, 아프가니스탄, 중앙아시아에서 쓰는 현악기의 하나다. 류트(lute)와 비슷하며 자루가 길고 몸통은 타원형 또는 표주박 모양이다.

▲타블라-바야(tabla-bāhyā)→인도의 주요 악기 중 하나다. 가마솥 모양의 큰 북으로 타블라와 바야가 한 쌍을 이룬다.

▲탄부르(tanbūr)→스페인, 동유럽, 페르시아, 아라비아 등에 보급된 류트(lute)류의 발현(撥絃)악기. 현(弦)의 수는 세 줄에서 여섯 줄이다.

▲탐부린(Tamburin)→탬버린(tambourine)의 독일식 호칭이다.

▲탐탐(Tam-tam)→동양에서 비롯된 타악기로 징의 한 가지다. 인도와 아프리카 등지에서 많이 쓴다.

▲탕부랭(tambourin)→탬버린(tambourine)의 프랑스식 호칭이다.

▲태평소(太平簫)→국악에 쓰이는 관악기의 하나. 고려 말 중국에서 들어온 악기로 군중(軍中) 대취타(大吹打)와 제례악(祭禮樂)의 무무(武舞)에 쓰였고 최근엔 농악에도 쓰인다. 대평소(大平簫), 날라리, 호적(胡笛), 철적(鐵笛)으로도 불린다.

▲탬버린(tambourine)→타악기의 한 가지. 집시의 민족 악기에서 비롯되어 현재는 관현악에도 쓰인다. 독일에선 '탐부린(Tamburin)'이다.

▲토고(土鼓)→기원 전 중국 주(周)나라 때의 타악기의 하나. '질장구'로도 불리고 부(缶)와 같은 것이다.

▲톰톰(tom-tom)→타악기의 하나. 아프리카 민속 악기에서 발달하여 재즈의 드럼으로 쓰이게 되었다. 이름은 악기의 소리에서 유래했다.

▲튜바(tuba)→하나는 옛 로마의 곧은 나팔이고 또 하나는 요즘의 금관(金管)악기 중 한 가지다. 금관악기의 최저 음부를 맡아 장중(莊重)한 음색이다. 관현악 및 취주악에 쓰인다.

▲트랄리움(Tralium)→독일의 전기 악기로 피아노와 비슷하다.

▲트럼펫(trumpet)→금관(金管)악기의 한 가지. 원래 신호용의 나팔이 발달한 것으로 음색이 높고 날카로우며 명쾌하여 관현악 취주악(吹奏樂)에 널리 사용되고 특히 재즈 같은 경음악 연주에 필수 악기다.

▲트롬본(trombone)→금관악기의 한 가지. 강음(強音)은 전 악기 중에서 가장 장대(壯大)하다. 관현악 취주악에 쓰인다. 독일에선 트롬본을 '포자우네(Posaune)'라고 한다.

▲특경(特磬)→아악기(雅樂器)에 속하는 타악기의 하나. 풍류를 그칠 때에 친다.

▲특종(特鐘)→아악기에 속한 타악기의 하나. 풍류를 시작할 때 치는 종이다.

▲팀파니(timpani)→타악기의 한 가지로 구리로 만든 반구형(半球形)의 북이다.

▲파이프 오르간(pipe organ)→크고 작은 가지가지 관(管) 파이프를 음계적(音階的)으로 배열함으로써 그것들이 바람을 보내 주악(奏樂)하는 건반(鍵盤)악기다. 세상에서 가장 큰 악기로 높이 15m, 너비 20m에다 음관(音管)이 1만 개 이상이나 되는 것도 있다. 장엄하

고 신비적인 음률과 웅장한 저음을 낼 수 있다.

▲팬파이프(panpipe)→고대 그리스의 가장 오래된 원시 악기로 관악기의 하나다. 반수 신(半獸神)인 판(Pan)이 사용했다는데서 비롯된 명칭이다.

▲편경(編磬)→아악기에 속한 타악기의 하나. 음색이 청아(淸雅)하고 편종(編鐘)과 짝을 이루어 쓰인다.

▲편종(編鐘)→아악기에 속한 타악기의 하나. 16개의 종을 두 단(段)으로 된 나무틀에 8개씩 매달아 뿔 망치로 치는 게 이채롭다. 우리나라에는 고려 예종 때 중국 송나라로부터 들어왔다.

▲포부(匏部)→국악기의 한 가지. 匏는 '박 포'자다.

▲풀피리(풀잎피리)→두 입술 사이에 풀잎을 대거나 물고 부는 것. 초금(草琴), 초적(草笛). 호가(胡笳).

▲풍금(風琴)→오르간(organ)의 역어(譯語). 특히 리드 오르간을 지칭한다.

▲플라지올레토(flagioletto)→이탈리아의 관악기의 한 가지. 주로 16~17세기에 사용되었다. 은으로 만들어 '은적(銀笛)'이라고도 불렀다.

▲플루트(flute)→피리 비슷한 관악기의 하나. 부드럽고 청신(淸

新)한 음색을 가졌고 관현악 실내악에서 중요한 역할을 한다.

▲피아노(piano)→'피아노포르테(pianoforte)'의 약칭이 '피아노'다. 건반 악기의 한 가지. 1709년 이탈리아 사람 크리스토포리(Cristofori)에 의해 고안되었고 그랜드 피아노와 '업라이트 피아노(upright piano)'가 있다.

▲피아노 아코디언→우수부(右手部), 즉 오른손 편에 건반을 갖춘 아코디언을 가리킨다.

▲피콜로(piccolo)→관악기(管樂器)의 한 가지. 플루트보다 한 옥타브 높아 관현악 취주악(吹奏樂)의 가장 높은 음역을 담당하는 악기로 음색은 명랑하고 예리하다. 목제 또는 금속제가 있다.

▲피콜로플루트(piccolo-flute)→플루트 중에서 가장 작은 것으로 가장 높은 음역을 담당한다.

▲하모늄(harmonium)→오르간과 같은 형식의 유건(有鍵)악기.

▲하모니카(harmonica)→작은 관악기의 하나. 가장 친근하고 만만한 악기다.

▲하와이안 기타(Hawaiian guitar)→스틸(steel) 기타의 하나로 하와이 음악의 중심 악기다. '우쿨렐레(ukulele)'라고도 한다.

▲하프(harp)→발현(撥弦)악기의 하나. 이탈리아에서는 하프를

'아르파(arpa)'라 부르고 한자로는 '수금(竪琴)'이라고 한다. 竪는 豎의 속자로 '설 수'자다. 수직, 세로를 뜻한다. 그러니까 '수직으로 세워 연주하는 거문고'가 하프라는 것이다.

▲하프시코드(harpsichord)→피아노의 전신(前身)인 건반악기의 한 가지. 18세기 초 피아노 발명 후에는 쓰이지 않았다가 최근 부활했다.

▲해금(奚琴)→향악기에 속하는 찰현(擦絃)악기의 하나. 본디 중국 호족(胡族)의 악기로 고려 예종 때 송나라로부터 들어왔다. 속칭 깡깡이.

▲해먼드 오르간(Hammond organ)→1934년 미국의 해먼드가 발명한 전기 악기다. 파이프 오르간과 비슷한 소리를 낸다.

▲향발(響鈸)→국악의 타악기 중 하나. 제금과 비슷한 모양새다.

▲향비파(鄕琵琶)→비파의 한 가지. 신라 때 만들어진 우리 악기로 다섯줄과 열 기둥으로 되어 있다.

▲향피리→고구려부터 전해오는 서역(西域) 계통의 국악 관악기.

▲헬리콘(helicon)→관악기의 하나. 군악대 등에서 어깨에 메고 부는 대형의 저음(低音) 나팔이다.

▲협판(夾板)→중국의 근대 악기 중 하나.

▲호궁(胡弓)→동양에서 활로 연주하는 현악기(弦樂器)의 총칭이다.

▲호금(胡琴)→①중국 당나라 때 호인(胡人)의 현악기라는 뜻으로 비파(琵琶)를 일컫던 말 ②중국의 호궁(胡弓). 원나라 때 만들어져 명~청나라 때 크게 쓰였고 특히 경극(京劇)에서 주요 악기로 쓰인다.

▲호드기→물오른 버들개지를 비틀어 뽑은 통 껍질이나 짤막한 밀짚 토막 등으로 만든 피리의 한 가지. 풀피리(풀잎피리)와 함께 가장 싸다 못해 아예 값이 없는 악기라고나 할까.

▲호른(Horn)→활짝 핀 나팔꽃 모양의 금관(金管)악기의 하나. 관현악 합주곡에 쓰인다. 그런데 '호른'은 독일식 명칭이고 영어식 호칭은 '혼'이다.

▲호적(胡笛)→'호인(胡人)의 피리'라는 뜻으로 '태평소(太平簫)'의 속칭이다.

▲횡취(橫吹)→옛날 서역(西域)으로부터 중국에 전해졌다는 피리의 한 가지.

▲훈(壎,塤)→고대 중국에서 흙을 구워 만든 질 악기의 한 가지. 중국 발음은 '쉰'이다.

'이립(而立)의 나이'라는 게 몇 살을 가리키는 것인가?

'이립의 나이'라는 게 도대체 몇 살을 가리키는 것인가. 그것도 모르는 교양인 지식인은 없을지도 모른다. 그런데 문제는 '이립의 나이'라는 말이 맞는 말이냐 그게 문제다.

'이립의 나이'라는 말, 그건 틀린 말이다. ▲국어사전이나 한자 사전 문장백과사전 등에도 모두 '이립(而立)의 나이'라는 말이 올라 있지만 엉터리고 난센스다. 공자가 '논어' '위정(爲政)'편에서 '三十而立'이라고 한 그 말씀의 뜻은 '나는 삼십 세가 되었을 때 정신적으로나 경제적으로 예(禮)에 입각하여 독립할 수가 있었다'는 것이다. 그러니까 자립할 수 있는 나이가 30세였다는 것이다. '而'라고 하는 '말 이을 이'자는 '…에'라는 뜻이다. 그러니까 '三十而'는 '30세에'라는 의미다. 而는 또 '…에야, …이라야, …에는, …이면, …이 돼서야, …에 이르러서야'라는 뜻도 된다.

다시 말해 ▲'而'는 우리말의 조사(助詞) 격인, 조사에 해당하는 한문의 '어조사(語助辭) 이'자다. '말 이을 이'자고 '에(於) 이'자고 '이에(乃) 이'자다. 之, 乎, 也도 마찬가지 어조사다. 독립된 뜻이 없이 단어 밑에 붙어서 다음 말과 이어주거나 문장 끝에 붙는 뜻 없는 글자, 즉 어조사 중 한 글자가 다름 아닌 '而'자다. 따라서 '三十而立(30세에, 30에야 정신적으로 경제적으로 자립할 수 있었다는)'이라는 원어에서 '而立'만을 떼어 말할 수는 없다. 그건 무식한 망발이다. 왜 그런가? '三十(30세)'이라는 주어가 빠진 채 그냥 '…에 서다(…에 자립하다)'라는 엉터리 허깨비 같은 뜻밖에 안 되기 때문이다.

▲30세를 '而立의 나이'라고 부르는 그런 식이라면 그럼 불혹지년(不惑之年), 즉 미혹(迷惑)되지 않고 갈팡질팡하지 않는다는 나이 40세(四十而不惑)도 '不惑(불혹)의 나이'가 아니라 '而不惑'의 나이라고 而자를 갖다 붙여야 할 거 아닌가. '천명을 안다'는 나이 50세(五十而知天命)의 경우도 '知天命의 나이'가 아니라 '而知天命의 나이'로 불러야 할 것이고….

어조사인 '而'자가 들어간 말의 예를 좀 더 들어본다면 '사이비(似而非)'는 '비슷하지만 같지 않다'는 뜻이고 '소이부답(笑而不答)'은

'웃기만할 뿐 대답이 없다'는 뜻 아닌가. '화합은 하되 같지 않아야 한다'는 '화이부동(和而不同)'이나 '즐기되 음탕하지는 않아야 한다'는 '낙이불음(樂而不淫)'이라는 말도 있지 않은가.

▲'이립(而立)의 나이'가 아니고 그냥 '입(立)의 나이'라면 이상해 보이고 이상하게 들리나? '立'은 '입'도 아닌 '설 립'자 '립'이고 '립의 나이'다. 중국 한자 立은 '립'이고 발음은 '리'다. 어쨌거나 '立의 나이'라는 말을 이해하고 있는 대한민국 지식인을 거의 본 적이 없다. 지난날 모 신문에 매일같이 칼럼을 쓰면서 대한민국 제일의 지식인인 듯 자처하던 아무개 씨도 1997년 7월 31일자 신문에 '而立 운운' 하지 않았던가.

그런데 왕년의 사학자이자 언론인이었던 호암(湖巖) 문일평(文一平) 선생만은 그의 저서 '사외이문(史外異聞)'에서 이렇게 썼다. '(갑신정변 때의) 洪英植은 바야흐로 立年에 달하였으니 즉 30세요'라고. 그는 '而立年'이라고 하지 않고 '立年'이라고 옳게 썼던 것이다.

그럼 이 참에 사람의 나이층에 관한 호칭 좀 살펴보자.

▲영어권 나라에서 baby는 갓난아기, 젖먹이지만 아장아장 걷기 시작하는 아기는 toddler(토들러)라 부르고 7세 미만의 아이는

infant(인펀)이라 칭한다. child나 Kid(구어체)도 아이, 어린이지만 특히 Kid는 새끼 염소와 새끼 영양을 뜻하기도 한다. children은 child의 복수형이고 boy(소년) girl(소녀)은 17~18세까지를 지칭하지만 10대를 teen(13~19세)이라고 부를 때는 high teen이 18~19세, low teen이 13~17세로 나뉜다. youngster는 젊은이 어린이 소년을 두루 가리키고 a little one도 젊은이, 어린이라는 뜻이다. 그런데 흥미로운 건 adult가 어른, 성인이지만 미국 발음은 '애덜'이다. 그래서 애덜 애덜 하면 마치 '애들'처럼 들리지 않는가.

어린 아이, 어린이를 가리키는 우리말도 여러 가지다. 유아(乳兒) 소아(小兒) 해아(孩兒) 영해(嬰孩) 유몽(幼蒙) 황구(黃口) 아해(兒孩) 아동(兒童) 해제(孩提) 해제지동(孩提之童), 동몽(童蒙) 동치(童穉) 등. 穉는 稚와 같은 '어릴 치'자다. 남자아이는 동남(童男), 여자아이는 동녀(童女)라 하고 동녀를 진녀(振女)라고도 한다.

그런데 ▲'초년(初年)고생'이라고 하면 '젊어서 하는 고생'이라는 뜻이지만 어린이를 가리키는 '초년(齠年)'이라는 말은 따로 있다. 齠가 '이 갈 초'자로 배냇니가 빠지는 7~8세가 '齠年'이다. 중국어사전을 보면 '男子八月生齒 八歲而齠齒(남자는 생후 8개월에 이가 나서 8세에

이를 간다)'고 했다. 그리고 '책임연령'은 형사책임을 질 수 있는(부담할 수 있는) 14세라고 했고 '지능연령'이라고도 하는 어린이 정신연령(mental age)은 차이가 크다.

중국에서 어린이, 아이를 가리키는 '아이 童(동)'자 돌림의 단어는 많다.

▲童兒(퉁얼:동아)→아동 ▲童年(퉁니엔)→아동 ▲童販(퉁판:동판)→소년 소녀 장사꾼 ▲童蒙(퉁멍:동몽)→철부지 어린이, 초학자(初學者) ▲童男童女(퉁난퉁뉘:동남동녀)→사내아이와 계집아이 ▲童孺(퉁루:동유)→어린아이, 소년 ▲童星(퉁싱:동성)→(유명한) 어린이 배우나 운동선수 ▲童稚(퉁즈:동치)→어린이. 어린이 중에서도 '童竪(퉁수:동수)'는 막 걷기 시작한 아이고 '童幼(퉁여우:동유)'는 3~5살의 아이, '童孩(퉁하이:동해)'는 6~9살 아이, '童子(퉁즈:동자)'는 10살 이상의 아이를 가리킨다.

'작을 小'자 돌림의 어린이 용어도 다수다.

▲小寶寶(샤오바오바오:소보보)→귀염동이 아이 ▲小畜生(샤오추성:소축생)→어린 사람을 욕하는 말. 짐승만도 못한 놈 ▲小底(샤오더:소저)→나이 어린 사람 ▲小的兒(샤오더얼:소적아)→꼬마, 어린아이, 막내 ▲小姑娘(샤오꾸냥)→소녀, 여자아이 ▲小孩(샤오하이:소해)→어린

애 ▲小后生(샤오허우성:소후생)→소년, 젊은이 ▲小來(샤오라이:소래)→
소년, 어린 시절 ▲小郎(샤오랑:소랑)→아이, 사동(使童) ▲小毛毛(샤오
마오마오:소모모)→어린애, 애송이, 풋내기 ▲小童(샤오퉁:소동)→아이
▲小娃娃 (샤오와와:소왜왜)→아가, 아기 ▲小友(샤오여우:소우)→젊은
이, 젊은 친구. ▲少小(사오샤오)→젊고 어리다

'年'자 돌림의 '젊다'는 중국어 단어도 ▲'年幼(니엔여우)'는 어리
다, 연소(年少)하다는 뜻이고 '年輕(니엔칭:연경)'과 '年青(〃)'은 젊다는
뜻이다. '年輕輕(니엔칭칭)'은 매우 젊은 모습을 가리킨다. 그런데 신
기한 건 한국어와 일본어엔 '소녀(少女)'라는 말만 있고 '소남(少男)'이
라는 말은 따로 없는데 중국어엔 '少男(사오난)'이라는 말도 있는가
하면 한국어의 '소남풍(少男風)'은 '비 오기 전 급하게 부는 바람'인데
중국어는 '少男' 자체가 동북풍이라는 뜻이다. 한국어와 일본어엔
또 '처녀(處女)'라는 말만 있고 '처남(處男)'이라는 말은 없는데 중국어
엔 '處男(추난)'이라는 말도 있다.

일본어의 대표적인 어린이, 어린 아이 용어는 ▲코도모(子供:자
공)다. 그 밖에 乳兒(요지:유아), 兒童(지도:아동), 小兒(쇼니:소아), 幼兒(오
사나고:유아), 幼子(오사나이고:유자) 등이 있다.

아무튼 한·중·일의 젊은 층, 젊은이 용어도 다양하다.

▲우리말의 '若'자는 '반야(般若) 야' '같을 약(如也)' '너(汝) 약' '순할(順) 약'자인데 엉뚱하게도 청년, 젊은이를 '약년(若年)'이라고 한다. '약명(若命)'은 젊은이 목숨이고 '약당(若黨)'은 젊은 패(패거리)다. '약후(若朽)'는 한창 일할 젊은 나이에 쓸모가 없다는 뜻이고…. '若'자는 또 젊다는 뜻 외에도 '약차(若此)'와 '약시(若是)'는 '여차(如此)'와 같고 '약하(若何)'는 여하(如何), 어떠함이라는 뜻이다. '약혹(若或)'은 만일, '약시약시(若是若是)'는 '여차여차'와 같고….

그런데 일본어의 '若'자 돌림 어휘는 거의가 젊다는 뜻이다.

▲若き(와카키)→젊은이 ▲若さ(와카사)→젊음 ▲若げ(와카게)→사뭇 젊어 보이는 사람 ▲若人(와코도:약인)→젊은이(들), 청년▲若者(와카모노:약자)→젊은이, 청년 ▲若い者(와카이모노)→젊은이, 부하, 제자 ▲若年(쟈쿠넨:약년)→나이가 젊음(어림) ▲若死に(와카지니)→요절. 젊은 나이에 죽음 ▲若衆(와카슈:약중)→젊은이 ▲若造(와카조:약조)→젊은이, 애송이 ▲若妻(와카즈마:약처)→젊은 아내 ▲若手(와카테)→한창 일할 나이의 젊은이 ▲若黨(와카도:약당), 若殿原(와카토노바라:약전원), 若武者(와카무샤:약무자)→젊은 무사 ▲若氣(와카게:약기)→젊은 혈기 ▲若樣(와카사마:약양)→지체 높은 집안의 도련님, 아들 ▲若盛り(와카

자카리)→한창 젊을 때, 한창 나이 ▲若年寄(와카도시요리:약년기)→애늙은이. 젊은 나이에 노인처럼 활기가 없는 사람 ▲若若しい→젊디젊다, 아주 젊다

중국과 일본의 나이에 관한 기타 용어도 여러 가지다.

우리말에서 '나이에 대한 경칭'이라는 '연치(年齒)'는 중국어에서는 ▲'年齒(니엔츠)'가 경칭이 아닌 그냥 '나이, 연령'이라는 뜻이다. ▲'年事(니엔스)'도 '나이, 연령'이다. ▲'年高(니엔까오)'는 고령(高齡)이고 ▲'年邁(니엔마이:연매)'는 '나이 많다, 연로하다'는 뜻이다. '邁'는 '멀리 갈 매'자다. ▲'年貌(니엔마오:연모)'는 '연령과 용모, 나이에 어울리는 모습'이고 ▲'年德(니엔더:연덕)'은 '나이와 덕망'이라는 뜻이다. ▲'年紀(니엔지:연기)'→나이 ▲'年紀大(니엔지따)'→나이 먹다 ▲'上年紀(상니엔지)'→나이 들다 ▲'年紀大了(니엔지따러)'→나이 많다. 그런데 '年紀多了'가 아니고 '年紀大了'라면 '나이가 많다'가 아니라 '나이가 크다'는 뜻 아닌가. 별나다.

그밖에 '該成婚的延齡(까이청훈더니엔링:해성혼적연령)'은 나이 차다, '不顯老的人(뿌시엔라오더런:불현로적인)'은 나이배기라는 뜻이다. 그리고 '多大(뚜어따)'는 나이 많다는 뜻이지만 '몇 살인가, 나이가 얼

마인가’라는 뜻도 있다.

일본에도 나이에 관한 ‘年’자 돌림 용어는 다수다. ▲‘年齒(넨시)’→나이, 연령 ▲‘年輪(넨린:연륜)’→나이테 ▲‘年甲斐(도시가이:연갑비)’→나이 값. ‘斐’는 ‘문채가 아름답다’고 할 때의 ‘문채(文彩)날 비’자로 우수하다 뛰어나다 현저하다는 뜻의 글자다. ▲‘年端(도시하:연단)’→어린아이의 나이 정도 ▲‘年增(도시마:연증)’→앳된 티가 가신 한창 때의 부인 ▲‘年頃(도시고로:연경)’→알맞은 나이 ▲‘年取り, 年取る(도시도리, 도시도루)’→나이를 먹음, 나이를 먹다 ▲‘年配(도시바이:연배)’→대체로 본 나이 ▲‘年恰好(도시갓코:연흡호)’→짐작되는 나이 ▲‘年頭(도시가시라:연두)’→가장 나이가 많음, 좌상(座上). 우리말의 ‘年頭’는 ‘한 해 첫머리’라는 뜻밖에 없는데…. 연두교서(年頭敎書), 연두사(年頭辭), 연두법(年頭法) 등 ▲‘年寄り(도시요리)’→노인, 늙은이

＊한국에서는 두음(頭音)법칙을 적용해 단어의 첫 글자인 ‘年’자를 ‘년’이 아닌 ‘연’으로 읽지만 중국과 일본에선 단어의 첫 소리도 ‘년’으로 발음한다.

그럼 구체적인 나이를 가리키는 용어를 살펴보자.

옛날엔 처녀가 ▲16살만 돼도 과년(瓜年→瓜자의 생김새를 두 개의

八로 보아 16)이 됐다며 서둘러 시집을 보냈고 ▲약관(弱冠)의 나이는 남자 20세를 지칭한다. 국어사전의 '약관 30세에…운운'은 틀린 예거(例擧)다. ▲'예기(禮記)'는 나이 30을 장년 또는 중년으로 여겼고 ▲32세만 돼도 머리에 흰 털이 나기 시작한다 하여 '이모지년(二毛之年)'이라 일컬었다.

공자가 논어에서 나이에 관해 일컬은 그 유명한 말들은 ▲지학(志學)의 나이, 성인(聖人)의 학문에 뜻을 둔 나이가 15세였고 ▲정신적으로나 경제적으로 자립하는 나이는 30세(三十而立)였다. 그리고 ▲인생에 의혹이 없어지고 흔들리지 않는 나이는 40세(四十而不惑) ▲인생의 길흉화복(吉凶禍福)을 피할 수 없음을 안 나이, 천명(天命)을 안 나이는 50세(五十而知天命) ▲인생에 경험이 많아져 무엇을, 무슨 얘기를 들어도 이상하게 여겨지지 않는 나이는 60세(六十而耳順) ▲내가 의욕대로 언동을 해도 결코 궤도를 벗어나는 짓을 하지 않게 되는 나이는 70세(七十而從心所欲不踰矩→칠십이종심소욕불유구)라고 했다.

중국에서는 이 말들을 줄여 '불혹'의 나이를 '不惑之年(부후어즈니엔)' 또는 '不惑之歲(부후어즈쑤이)'라 하고 '지천명'의 나이를 줄여서 '知命(즈밍)' 또는 '知命之年(즈밍즈니엔)', 이순의 나이를 그냥 '耳順(얼순)'이라고 한다. 인생 70이 예부터 드물다는 '人生七十古來稀'라는 말은 시성(詩聖) 두보(杜甫)가 47세 때(758년) 한 유명한 말이었고….
중국엔 또 ▲'强仕之年(치앙스즈니엔:강사지년)'이란 말도 있다. '예기'
에서 나온 말로 일생에서 가장 관직에 오르기 알맞은 나이가 '强仕
之年'이고 그게 40세라는 것이다.

▲'상년(桑年)'이라는 나이도 있다. 48세다. '桑'자의 생김새를
48로 뜯어본 것이다. ▲50세는 '애년(艾年)'이다. 머리가 쑥처럼 희
어진다고 해서 '쑥 애'자 '艾年'이다. ▲중국에서도 나이 50을 인생
의 큰 고비로 여겨 '年逾大衍(니엔유따이엔:연유대연)'이라는 말이 있다.
'50을 넘다'는 뜻이다. 즉 '年逾半白(니엔유빤바이:연유반백)'—半白을
넘었다는 것이다.

하지만 나이를 일컫는 가장 대표적인 말은 ▲60세 '환갑(還甲)'
이고 같은 말인 회갑(回甲), 주갑(周甲)일 것이다. 모두가 60 갑자(甲
子)를 한 바퀴 돌았다는 뜻이다. 환갑을 '화갑(華甲)' 또는 '화갑(花甲)'
'화년(華年)'이라고도 한다. '華甲'은 화려한 회갑이라는 뜻도 있지만
'빛 화, 꽃 화(華)'자를 뜯어보면 '열 십(十)'자가 6개 들어 있다는 것이
다. 그리고 '花甲'은 '화갑자(花甲子)'의 준말이고 花甲子는 '육십갑
자'의 별칭이다.

▲중국에서는 回甲, 還甲, 華甲이라는 말을 모두 안 쓰고 ‘花甲(후아지아)’이라고 한다. ‘六十花甲子(리우스후아지아즈)’라는 뜻이고 환갑노인도 ‘花甲老人(후아지아라오런)’이라고 한다. ▲일본에서는 또 回甲 還甲 華甲 花甲이라는 말을 모두 안 쓰고 ‘華年(카넨:화년)’이라 하고 ‘還曆(칸레키:환력)’이라고 한다. ‘還曆을 迎える(칸레키오무카에루)’ 하면 ‘환력(환갑)을 맞다’라는 뜻이다. 還曆을 또 ‘本卦歸り(혼케가에리)’ 또는 ‘華年(카넨)’이라고도 한다. ‘華甲(카코)’은 한문 투 용어다.

인생 70이 아주 드물었던 ▲옛날에야 나이 60이면 인생 황혼이었다. 그래서 환갑을 맞으면 ‘목숨의 잔치’인 수연(壽宴)을 벌였고 60 장수를 찬양했다. 그런데 후세에 이르러 나이 60은 하수(下壽)로 여겼다. 중수(中壽)가 80세, 상수(上壽)는 100살 이상이다. 두보가 예부터 아주 드문 나이(古稀)라고 했던 ▲70세도 별칭이 여럿이다. 희년(稀年), 희수(稀壽), 칠대(七臺), 칠질(七秩) 등. 한 질(秩)이 10년이고 ‘秩’은 ‘차례 질’자다. 그런데 고구려 때 살아 있는 노인을 산속에 갖다 버렸다는 ▲고려장(高麗葬)의 그 노인 나이가 바로 70세 정도가 아니었나 싶다. ‘고구려장’이 아니고 ‘고려장’이다. 그 옛날 이모를 갖다 버렸다는 일본의 산 이름이 오바스테야마(姨捨山:이사산)지만 그 버려진 이모 역시 70세 정도가 아니었을까?

다들 아는 77세는 '희수(喜壽)' 88세는 '미수(米壽)'지만 ▲세계 제일의 장수(長壽) 국가인 일본이 만든 수명 명칭도 다양하다. 81세→본수(本壽) 또는 반수(半壽), 80세 또는 112세→산수(傘壽), 90세→졸수(卒壽) 또는 금수(金壽), 91세→미수(美壽), 98세→내수(來壽), 99세→백수(白壽), 102세→계수(桂壽), 107세→수수(粹壽), 108세→차수(茶壽), 111세→박수(珀壽) 또는 황수(皇壽), 117세→백수(柏壽), 118세→백수(栢壽) 등이다. 60 80 100세를 각각 하수(下壽) 중수(中壽) 상수(上壽)라 했던 것을 어느새 80 100 120세로 상향조정해 놓은 주인공들도 바로 일본인들이다. 그들은 장년~노년의 단계도 '장년~중년~숙년(熟年)~중고년(中高年)~실년(實年)~초로(初老)~노년' 등으로 나눈다.

▲80세의 별칭은 '장조(杖朝)'다. 중국 주대(周代)에 80세가 되면 조정에서 지팡이를 짚는 것을 허락했다고 해서 생긴 말이다. ▲노년을 '(인생이) 저무는 해'라고 해서 '저물 모'자 '모년(暮年)'이라 하고 '좌전(左傳)'에서는 80세를 '늙은이 질'자 '질년(耋年)'이라 했는가 하면 '예기(禮記)'에서는 90세를 가리켜 '늙을 모'자 '모모(耄耄)'라고 불렀다. 그런데 그 옛날 80~90세엔 죄를 지어도 벌하지 않는다고 했

다.

임금의 나이는 '보배 보'자 '보령(寶齡)' 또는는 '보력(寶曆)' '보산(寶算)'이라 했고 중의 나이는 '법랍(法臘)' 또는는 '법세(法歲)'라고 했다. 그런가하면 ▲헛되이 먹는 나이는 개나 말의 나이인 '견마지치(犬馬之齒)'고 '견마지년(犬馬之年)'이다. 그런데 어떻게 먹는 나이든 간에 '목숨 수(壽)'자의 고자(古字)를 보면 징그럽고 무섭다. '늙을 老'자가 네 개 붙어 있는 글자이기 때문이다.

▲한국에서는 9 숫자, 아홉 수 나이를 불길하다고 꺼리지만 중국에서는 정반대다. 9 발음이 장수하는 구(久)자 발음과 같다고 해서 9라는 숫자를 가장 좋아하고 59세 69세 79세 89세엔 '칭지우(慶九→아홉 수 경사)'라는 생일잔치를 벌인다. 중국인들은 또 매년 돌아오는 생일도 같은 게 아니다. 40세 50세 60세 70세…등 10년 단위로 돌아오는 생일을 整生日(정성르:정생일)이라 하여 크게 유별나게 여기는 반면 매년 돌아오는 생일을 小生日(샤오성르) 또는 散生日(산성르:산생일)이라 하여 보통으로 배려한다.

인간의 수명은 과연 몇 살까지가 한계인가. ▲기독교 바이블 창세기의 아담은 130세에 아들을 낳고 930세까지 살았다고 했고 북한의 '력사(歷史)사전'을 보면 단군의 통치 기간은 1천500년에다가 1천908세까지 살았다지만 아무튼 요즘은 적어도(?) 100세 시대인 것만은 확실하다. Homo hundred라는 말까지 생겼고 centenarian(센터너리언)은 '100세 사람'이라는 뜻이라고 하지 않던가.

그런데 사람에게서는 이마의 주름살 등 상징적이고 대략적인 나이테밖에 안보이지만 ▲나무의 나이테, 1년에 한 바퀴씩 생긴다는 나무의 나이바퀴(年輪)야말로 상상만 해도 신기하고도 신비롭다. 나무를 베어낸 횡단면의 나이테를 상상이 아니라 직접 들여다보면 더욱 신기하고 흥미롭다.

화력이 세고 약한 정도를 '불땀'이라고 하지만 나무의 나이테엔 불땀머리라는 게 있다. 나이테의 간격이 일정하지 않고 나무가 자랄 때 동남쪽으로 향했던 부분은 나이테의 간격이 넓고 불에 타는 불땀도 좋은 반면 서북쪽으로 향했던 부분은 나이테 간격이 좁고 불땀도 약하다는 것이다. 그 재목은 ▲춘재(春材)와 추재(秋材)로 나뉜다. 춘재는 봄철에서 여름철에 걸쳐 형성되는 목질부(木質部)로 한 나이테의 안쪽을 차지하고 세포는 크고 도관(導管)이 굵으며 재질은 거친 반면 추재는 늦여름~가을에 형성되는 목질 부분으로 한 나이테의 둘레 부분을 차지하고 재질(材質)이 치밀하다는 것이다.

그 나무토막은 또 ▲심재(心材)와 변재(邊材)로 나뉜다. 심재란 나무줄기(樹幹)의 목질부(木質部) 내층으로 연륜이 해를 거듭할수록 홍(紅) 황(黃) 흑갈색을 띠고 수분은 변재보다 적으며 변재는 목재의 겉부분으로 빛은 희고 몸은 무르며 질은 거칠다는 것이다. 그 겉재목인 변재는 백재(白材), 액재(液材)라고도 불린다.

그런데 '허(虛) 나이테'라는 것도 다 있다. 병충해 등으로 인해 규칙적인 나이테가 형성되지 않고 1년에 두 개(두 줄) 이상의 테가 생기는 현상을 가리킨다. 그런 나이테를 '중연륜(重年輪)'이라고도 한다. 그밖에 상륜(霜輪→frost ring)이라는 연륜도 있다. 서리 때문에 철이 아닌데도 잎이 지고 그 결과 다시 잎이 나서 줄기에 생긴 거짓 나이테 말이다.

사람마다 다를 인간의 추상적인 나이테는 각각 어떤 모습들일까.

'구청장'과 '시장'이라는 호칭, 이상한 데 없는가?

한국에선 '구청장'이라는 호칭이 전혀 문제가 없다는 듯이, 그리고 아무런 문제도 없다는 듯이 그렇게 부른다. 아니, 문제가 있는지 없는지조차 까맣게 모르거나 전혀 관심이 없는 듯 호칭하고 있다. 지난 1월(2019년) 부산 북구의 여당 출신인 정명희 '구청장'이 기초연금 줄 돈이 없다며 대통령에게 편지를 보내자 복지부가 근거도 마련 없이 국고 지원을 늘리겠다고 했다는 게 10월 23일자 C신문 기사였다. 광주광역시 북구와 서구, 대구광역시 달서구 등의 '구청장'들도 어려운 상황을 호소했다는 내용이었고….

하지만 ▲'區廳長(구청장)'이라는 같은 한자를 쓰고 있는 중국과 일본에선 '區廳長'이라고 호칭하지 않는다. 그럼 뭐라고 부르나? ▲ '區廳長'이 아니라 '區長(구장)'이다. '廳'자를 뺀 그냥 '區長'이라 부른다. 중국에선 '區長' 발음이 '취장'이고 일본에선 '쿠쵸'다.

그런데 ▲왜 중국과 일본에선 한국처럼 '구청장'이라고 부르지 않고 '구장'이라고 부를까? '廳(청)'자가 중국 한자사전엔 '마을 청'자지만 집 또는 큰 방, 큰 홀(hall)을 가리킨다. '廳房(팅팡:청방)'은 넓은 방, 대청, 홀이고 '廳堂(팅탕:청당)'도 대청 또는 홀을 뜻한다. 응접실도 중국에선 '客廳(커팅:객청)'이라 하고 식당도 '餐廳(찬팅:찬청)'이라 부른다. 廳은 곧 집이고 집안이다. 한편 중앙 행정기관의 부서(部署) 단위도 廳자로 분류된다. '辦公廳(빤꿍팅:판공청)'은 사무청 또는 사무국이고 비서실도 '秘書廳(미수팅)'이라고 한다.

▲'廳'이라면 개인집이든 관청이듯 '집'을 뜻하고 집을 가리킨다. 따라서 한 지역 區, 한 구역(區域)을 대표하는 사람은 '구청장(區廳長)'이 아니고 그 區의 '구장(區長)'이다. 그 구역의 長이고 대표다. 그런 區長을 '구청장(區廳長)'이라고 부르면 한 區의 '구청'이라고 불리는 집, 그 한 지역의 관청이라는 집을 대표하는 사람이라는 뜻이 되고 만다. 즉 '집장' '집지기'라는 뜻으로 격하된다는 것이다.

'區長'과 '區廳長'의 한 자 뜻이 어떻게 다른지도 모른 채 무심코 구장을 구청장이라고 부르는 한자 까막눈들에게 묻고 싶다. 그럼

▲왜 '시장(市長)'은 '시청장(市廳長)'으로 안 부르고 '시장'으로 부르나? '구장'을 '구청장'이라고 부르는 식이라면 서울특별시장도 '서울특별시청장'으로 불러야 할 게 아닌가? 그야 서울특별시 시장이지 '서울특별시 청사 대표'인 '시청장'이 아니기 때문 아닌가.

중국의 행정구역은 23개 省(성:성)과 5개 自治區(쯔즈취:자치구), 4개 直轄市(즈지아스:직할시)와 19개 城市(청스:성시), 그리고 2개의 特別行政區(터비에싱정취:특별행정구)가 있다.

23개의 성은 동북쪽의 黑龍江(헤이룽장:흑룡강)성과 吉林(지린)성, 서북쪽의 甘肅(깐쑤:감숙)성, 동남쪽의 福建(푸젠:복건) 湖南(후난:호남) 廣東(광둥:광동) 廣西(광시) 貴州(꾸이저우:귀주) 雲南(윈난:운남)성 등 23개 省이고 5개 자치구는 신장(新疆:신강)위구르자치구, 티베트(西藏:서장)자치구, 내몽골(內蒙古:내몽고)자치구 등 5개 자치구다. 그리고 중국 대륙에서 가장 위세가 큰 4개 직할시가 있다. 北京(베이징)과 上海(상하이), 重慶(충칭:중경)과 天津(톈진:천진)이다.

그밖에 19개 城市(도시)는 青島(칭다오) 蘇州(쑤저우:소주) 大連(다롄:대련) 廈門(시아먼:하문) 東莞(둥완:동완) 開封(카이펑:개봉) 桂林(구이린:계림) 威海(웨이하이:위해) 曲阜(취푸:곡부) 洛陽(뤼양:낙양) 深圳(선전:심천) 등이다. ▲深圳의 圳자는 원래 '도랑 수'자지만 중국인들이 모두

‘圳(수)’자를 ‘전(천)’자로 읽는 바람에 아예 ‘전(천)’으로 바꿔버렸다. 박정희 시절인 1970년대 양탁식(梁鐸植) 서울시장도 모두들 ‘목탁(木鐸)’이라고 할 때의 ‘방울 탁(鐸)’자를 몰라 ‘양택식’으로 부르는 바람에 아예 ‘양택식’으로 개명해버린 그런 식이다. 중국의 용수로를 가리키는 ‘圳道(전따오:전도)’라는 말의 ‘圳’자도 같은 경우다. ‘수’자가 ‘전(천)’자로 굳어진 것이다.

그런데 중국의 그 ▲4대 직할시의 권위와 위상은 막대하고 각각 그 4개 직할시 청사(廳舍) 소재지인 東城區(둥청취)와 黃浦區(황푸취), 渝中區(위중취:유중구)와 和平區(허핑취)의 위세도 대단하다. 인구수를 봐도 베이징이 2천115만(2013년 기준)이고 상하이가 2천415만(같은 해 기준)이나 되고 충칭이 가장 많아 2천884만(2010년 기준)이었다. 2019년 기준 네덜란드 인구가 1천709만 명이고 스위스 859만, 덴마크의 577만 명과 비교하면 중국의 1개 도시 인구가 한 나라 인구보다도 몇 배나 많다. 그런 중국의 4개 직할시 청사가 소재한 4개 區의 區長 나리 위세가 어떠하리라고 상상되는가. 웬만한 국가 원수보다도 세다.

한국의 한자 까막눈들, ‘구장’을 ‘구청장’으로 부르는 무지몽매

한 인간들이 꼭 알아둬야 할 점은 또 있다. ▲중국에선 홍콩도 '香港特別行政區(시앙강터비에싱정취:향항특별행정구)'라 부르고 마카오도 '澳門特別行政區(아오먼터비에싱정취:오문특별행정구)'로 부른다는 것이다. 인구 700만(2019 기준)의 홍콩을 중국 정부에서 '香港特別行政區'로 부르니까 홍콩도 하나의 區에 불과하다는 것인가.

홍콩 사람 일곱 명 중 한 명이 백만장자로 알려진 부자의 섬 홍콩의 행정장관도 '홍콩 장관'이라기보다는 다름 아닌 '香港區長(시앙강취장:향항구장)'이고 즉 홍콩 구장이다. ▲캐리 람(Carrie Lam) 행정장관의 집무실이 있는 홍콩특별행정구 '청사'의 '장'인 '구청장'이 아니고 그냥 '구장'이다. 그 '홍콩 區長'이 얼마나 대단한 자리인가. 62세 여성인 캐리 람 홍콩 행정장관의 본명은 람젱윗오, 중국어로는 林鄭月娥(린정위에어:임정월아)다. 성이 林과 鄭 둘이고 이름이 月娥다. 달에 산다는 선녀가 '월아' 아닌가.

아무튼 11월(2019년) 5일 상하이에서 그 선녀(月娥)를 접견한 시진핑(習近平) 중국 주석은 그녀에게 높은 신뢰감을 표시, '(민주화를 요구하는) 홍콩의 폭력과 혼란을 제압해 달라'고 지시했다. 그런데 달에 산다는 착한 선녀에게 그런 힘이 있을지가 의문이다.

▲마카오(포르투갈어 Macau, 공식 영어명칭 Macao)도 중국의 특별행정구다. 하나의 區다. 중국 남동부 광둥(廣東)성에 속한 포르투갈의 해외 주(州)였고 특수영토(special territory)였다. 1557년 포르투갈 인이 처음 정착하기 시작했고 1999년 중국에 반환키로 하는 양국간의 협정이 1987년 3월에 가조인됐었다. 그런데 드디어 1999년 반환돼 홍콩과 더불어 중국의 특별행정구가 된 것이다.

▲홍콩의 캐리 람 행정장관과 62세 동갑인 그 아오먼(澳門:오문) 행정장관 호얏셍(중국 명 賀一城:허이청)의 위상 또한 크나큰 區의 區長 중 한 사람일 뿐이다. 구청장이 아니고 구장이다.

일본은 홋카이도(北海道), 혼슈(本州), 시코쿠(四國), 큐슈(九州)의 네 개 큰 섬을 중심으로 수많은 섬으로 이루어진 섬나라다. 그 네 개의 큰 섬을 가리켜 '일본 열도(列島)'라고 부른다. 행정구역은 1도(都)→도쿄도(東京都), 1도(道)→홋카이도(北海道), 2부(府)→오사카부(大阪府) 교토부(京都府)를 나뉘어 있고 토호쿠(東北)지방의 6현(縣), 칸토(關東)지방의 6현, 추부(中部)지방의 9현, 킨키(近畿)지방의 5현, 추고쿠(中國)지방의 5현, 그리고 시코쿠(四國)의 4현, 큐슈(九州)의 7현, 그리고 오키나와(沖繩)현까지 43개 현으로 구성되어 있다. 그러니까 일본의 행정구역은 都 道 府 縣 구조다.

그 일본열도의 땅 최북단인 북위 45도 밑엔 홋카이도의 타키가와(용川→용은 氵변에 龍자)시가, 최남단인 북위 30도엔 카고시마(鹿兒島)현이 있다. ▲신기한 건 그 일본열도 남쪽에 추고쿠(中國) 지방이 있다는 점이다. 일본 내의 지명이 '중국'이라니! 그 '중국 지방'엔 돗토리(島取) 시마네(島根) 오카야마(岡山) 히로시마(廣島) 야마구치(山口) 등 5개 현이 속해 있다. 2차대전 막바지인 1945년 8월 6일 미국의 원자탄을 맞은 곳이 히로시마였고 아베신조(安倍晋三)의 고향(출생지)이 바로 그 야마구치 현 아닌가. 넓게 보면 '중국 지방'에서 출생한 것이다. 중국 대륙이 아닌 일본열도의 중국 지방 말이다.

그런데 한반도 넓이(22만㎢)의 2배에 가까운 38만㎢의 그 일본열도 1도(都) 1도(道) 2부(府) 43개 현(縣) 중에서 가장 땅값이 비싼 번화가는 어디일까. ▲그건 도쿄 23개 자치구 중에서도 가장 번화가인 신주쿠(新宿)구와 시부야(澁谷:삽곡)구, 토시마(豊島)구가 꼽히고 그들 區의 '구청장'이 아닌 '區長(쿠초)'의 위상은 대단하다.

그 ▲도쿄 번화가 3개 區의 땅값은 전 세계 최고다. 그 중에서도 번화가 중의 번화가로 으뜸인 긴자(銀座) 4丁目(은초메:4정목)이나 마루노우치(丸の內) 2丁目(니초메)의 최근 땅값은 1m²당 2천5백만엔(약

2억5천만원)이었다. 평당 땅값이 아니라 ㎡당 땅값이 그렇다.

▲서울에도 잘 나가는 '구(區)'들이 아닌 '구청(區廳)'들이 몇몇 있고 목에 힘주는 '구장(區長)'들이 아닌 '구청장'들이 있다. 이른바 '강남 4구'로 불리는 강남 서초 송파 강동구 등이고 강북에도 '마용성(마포 용산 성동)'구가 꼽힌다. 부자들이 많이 살고 있는 특히 강남 4구 하면 줄곧 서울 땅값과 집값 상승을 주도한다. 그래서 민간 택지 분양가 상한제 대상이 되기도 했다. 문재인 정부가 지난 10월(2019년) 22일 민간 택지 분양가 상한선을 규제하는 주택법 시행령 개정안을 의결한 것이다.

문재인 정부의 지자체 복지 광풍, 현금 복지 경쟁에도 이들 강남 4구와 마용성 구가 앞장선다. 강동구와 마포구는 보증금 1억원 이하 월세 중개수수료 최대 30만을 지원하고 성동구는 주소지가 성동구인 현역병 사병들에게 연 5만원씩 문화비를 지원한다. 강동 마포 중구는 학생 교복비를 대주고 중구는 또 지역 화폐로 어르신 수당을 월 10만원씩 나눠준다는 것이다. 중앙정부에서 시발된 현금 복지는 지자체로 번져 17개 광역시·도와 226개 시·군·구가 앞다투듯 시혜(施惠)에 열을 올리는 현금 복지가 무려 1천670여 종에 달한다는 거 아닌가.

반일(反日) 감정 표출에도 서울 중구가 앞장섰다.

▲지난 8월 6일 광복절 74주년을 맞아 서울 중구는 구내(區內) 퇴계로 을지로 태평로 동호로 청계천로 세종대로 삼일대로 정동 길 등 22개 가로에 'No(Boycott) Japan' 불매(不買)운동 배너(vane)기(旗) 1천100개를 설치하기로 결정, 그 중 722개의 반일기(反日旗)를 가로변에 줄줄이 내걸었다. 일본 당국이 한국을 이른바 화이트국가(백색 국가—수출 우대 대상국)에서 제외한데 대한 항의 표시였다. 그러나 그 ▲바람개비 풍신기(風信旗)들은 한나절 만에 모두 철거됐다. 시민들의 거센 항의를 받아들였기 때문이다.

'8월 6일'이라면 일본으로서는 뼈아픈 날이다. 제2차대전 막바지인 1945년 8월 6일 일본 히로시마(廣島), 9일 나가사키(長崎)에 미군이 투하한 원자폭탄이 일본의 패전과 히로히토(裕仁)천황의 8월 15일 '항복 담화' 발표로 이어지게 한 직접 원인이 된 바로 그 날이기 때문이다. 그런데 서울 중구에 앞서 강남구도 일본 국기인 일장기(日章旗)를 길거리에 설치했다가 철거한 바 있다.

그 이튿날인 8월 7일자 일본 신문들이 서울 중구의 반일기 게양과 철거 사실을 보도했다. <No日本 不買の旗 ソウルの 區長が 撤

去し 謝罪 批判殺到(反일본 불매의 깃발 서울 구장이 철거하고 사죄 비판쇄도〉라고. '구청장'이 아닌 '구장'이 철거했다고 했고 서울을 일본에선 '소우루'라고 표기한다. 서울이라는 '서' 표기가 불가능하고 '울'자의 ㄹ 받침도 표기할 수가 없기 때문이다. 그런데 언뜻 들으면 '소우루'가 soul(영혼)처럼 들린다.

서울특별시의 '구'가 아닌 ▲부산광역시 기장(機張)군에서도 청소년 국제 스포츠 행사를 앞두고 참가 국가들의 국기 깃발을 게양하는 과정에서 일본 일장기만을 쏙 빼 내렸다가 다시 게양하는 해프닝이 벌어졌다. 지난 8월 30일 기장군에서 막을 연 제29회 세계 청소년 야구선수권 대회를 앞두고 대회장과 기장군 거리에 12개 참가국 국기를 8월 5일부터 나란히 게양했다. 그런데 그 중 일본의 일장기를 빼라는 주민들의 항의가 빗발치자 일장기만을 뺄 수가 없었던지 모든 참가국 국기를 일제히 내려버렸다가 오규석 기장군수의 지시로 다음날 다시 게양했다는 거 아닌가.

▲국제 스포츠 행사에 내걸린 12개국 국기들이 하루 이틀 사이에 게양됐다가 내려졌다가 다시 게양된 희한한 일이 벌어졌던 것이다. 그런데 그런 기장군의 군수(郡守) 역시 '군수'가 아니라 '군청수(郡廳守)'라고 불러야 하는 게 아닐까. '구청장'을 가리켜 중국과 일본

에선 '區長'이라고 부르는데도 한국에서만은 '구청장'이라고 호칭한다고 했다. 그런 식이라면 ▲우리나라 '군수' 역시 '군을 지키는' 군 지역의 군수가 아니라 '군청(郡廳)'이라는 건물을 지키는 '군청수'로 불러야만 서울 등 도시의 '구청장'이라는 호칭과 격식에 맞는 게 아니냐는 바로 그 말이다.

현수막과 총선과 과반수 의석

거리 또는 광장의 집단 항의시위 행위를 민주주의 사회의 꽃으로 보는 시각이 있는가하면 반대로 두드러기 따위 민주사회의 피부병으로 여기는 눈초리도 있다. 그런데 그 시위 행위의 거리와 광장은 으레 플래카드 숲으로 뒤덮인다. 작년(2019년) 가을 서울 광화문 광장을 뒤덮은 무려 100만 시위 군중을 비롯해 같은 시기 강남 서초동 거리를 온통 뒤덮은 시위 군중의 플래카드 숲만 해도 온통 장관이었다. 반정부 시위 군중과 친정부 시위대가 광화문 광장 한편과 다른 한편을 나누어 차지하는 광경 또한 흔했다. 그 양쪽 또한 온통 격한 반정부 구호와 친정부 격문으로 갈린 플래카드 숲이었다.

영어의 '플래카드(placard)'는 원래 집 대문이나 건물 문간에 붙이는 광고물 또는 '벽에 매단 선반'이라는 뜻의 프랑스어 '플라카르' 에서 유래했다. 그것이 호소문이라든지 '외치는 구호'의 뜻으로 바 뀐 것은 프랑스 르네상스의 아버지로 불리는 16세기 프랑스와 1세 때부터였다. 그러나 그 '플라카르 선전'의 효시로는 프랑스가 아닌 독일의 종교개혁가 마르틴 루터가 1517년 비텐베르크(Wittenberg) 의 교회 정문에 내붙인 그 유명한 '95 개조의 고백'이 꼽힌다.

그런데 ▲플래카드와 현수막은 어떻게 다른가. 플래카드가 시 위용 또는 광고용으로 흔들리고 나부끼며 이동하는 천 조각들이라 면 일정한 장소나 건물에 고정물로 붙어 있는 건 현수막이다. 다시 말해 고정된 플래카드가 현수막이다. 하지만 '현수막'의 뜻이 무엇 인지 모르는 시위꾼이 대부분이다. 심지어 '큰 현수막이 빌딩건물 에 가로로 걸려 있다'고 말하는 사람도 적지 않다. 지난 총선(국회의 원 선거) 유세 기간인 그 때만 해도 '국회의원 후보의 현수막을 훼손 한 사람이 경찰에 적발됐다'고 했지만 그건 현수막이 아니라 길 가 장자리 난간에 가로로 걸려 있는 막이었다.

▲현수막이란 '세로로 매달려 있는 플래카드'다. 영어로는 행잉 배너(hanging banner)다. '매달린 기, 기치(旗幟)'라는 뜻이다. 가로로

걸린 게 아니라 세로로 매달려 있는 깃발이다. '⌐' 모양이 아니라 'ㅣ' 모양의 막이고 기치다. 한자로 '매달 현, 매달릴 현(懸)'자에다 '늘어질 수(垂)'자다. 따라서 세로로 매달려 있고 늘어져 있는 막이 현수막(懸垂幕)이다. 그런데 그 '懸垂幕'이라는 한자 뜻을 모르는 탓으로 큰길 양쪽 두 전신주에 가로걸려 있거나 양쪽 건물에 걸쳐 출렁출렁 매달려 있는 대형 플래카드까지 현수막이라고 말하는 것이고 그렇게 한자 까막눈의 우(愚)를 드러내고 있는 거 아닌가.

현수막의 '垂'가 즉 수직(垂直)이라는 뜻이다. 수직상승, 수직하강 할 때의 그 '수'다. 현수교(懸垂橋), 현수빙하(懸垂氷河)의 그 '현수'고 낚싯대 끝에 매달려 늘어진 낚싯줄도 현수(懸垂)된 줄인 것이다. 수렴청정(垂簾聽政)의 '수렴'도 발(簾)을 위에서 아래로 드리웠다(垂)는 뜻이다.

▲같은 한자를 쓰는 중국에서도 '懸垂(쉬엔추이:현수)'는 '허공에 드리우다'는 뜻이고 '懸河(쉬엔허:현하)'는 폭포를 가리킨다. '현하지변(懸河之辯)'이니 '현하웅변(懸河雄辯)'의 그 폭포가 懸河라는 것이고 마치 폭포처럼 힘차고 거침이 없는 웅변이 바로 현하지변, 현하웅변이라는 것 아닌가. 그런데 중국에선 현수막의 '懸垂'를 거꾸로 '垂懸(추이쉬엔:수현)'이라고도 하고 '현수막'을 줄여서 '垂幕(추이무:수막)'

이라고 말하기도 한다. 또한 '垂柳(추이리우:수류)'는 수양버들이고 '垂涎(추이시엔:추연)'은 '군침을 흘리다'라는 뜻이다. 중국인들은 또 '침을 석자나 흘리다(垂涎三尺:수연삼척)'라는 과장표현도 서슴지 않는다. '백발삼천장(白髮三千丈)'——백발의 길이가 삼천 장(한 丈은 10자 길이)이나 되도록 길게 늘어져 있다는 지나친 과장 표현이다.

일본어에서도 '懸垂(켄스이:현수)'는 '내리 처짐, 매달림'이라는 뜻이고 '懸垂幕(켄스이마쿠:현수막)'는 '수직으로 걸린 막, 내리 걸린 막'이라는 뜻이다.

그건 그렇고 국회의원 선거, 즉 ▲'총선(總選)'이라는 용어 또한 된통 웃긴다. 국어사전을 보면 '총선'이란 '총선거'의 준말이고 '총선거'는 '국회의원 전체를 한꺼번에 선출하는 선거'라는 것이다. 그렇다면 왜, 무엇 때문에 전체 국회의원 선거만을 '총선'이라고 불러야 하고 국회의원 선거만이 '총선'이라는 말을 전매특허라도 낸 듯이 독차지해야만 하는 것인가.

'총선'이라는 글자 뜻은 '합칠 총(總)' '가릴 선(選), 뽑을 선'이다. 전체 책임자를 한꺼번에 뽑는 게 모두가 '총선'이다. 그렇다면 국회의원뿐 아니라 전국 시장과 도지사를 일제히 뽑는 총선거도 '총선'

이고 만약 전국 군수와 면장, 동장을 같은 시기에 각각 일제히 뽑는다면 그 또한 다름 아닌 '총선'일 뿐 아니라 전국 이장 선거 또한 다를 바 없다. 전국 대학의 총 학생회장 선거는 또 어떤가. 그 또한 같은 시기에 일제히 뽑는 것이라면 그 역시 '총선'이 아니고 무엇이란 말인가.

그런데도 국회의원 선거만이 '총선, 총선거'라고 불리는 게 도무지 이상하지도 않고 아무렇지도 않다는 것인가. 국회의원들만이 그만큼 가장 잘났기 때문이고 글자 그대로 모두가 '선량(選良)'이기 때문인가. 국회의원의 별칭이 '선량' 아닌가. 하지만 똑같은 발음에다가 한자만 다른 '善良'이라는 말도 있다. '착하고 어짊'이 '善良'이고 '不良'의 반대말이 '善良'이다. 그렇다면 300명의 대한민국 국회의원(選良)들은 적어도 '불량'이 아닌 명실 공히, 명실상부(名實相符)하게 '善良'이어야 옳고 그래야 하는 거 아닌가.

하지만 어디 그런가. 지난 ▲2016년 국회의원 선거 때만 해도 그해 3월 25일 중앙선관위가 집계한 4·13 총선 후보 등록자 729명 중의 전과자는 무려 39.23%인 286명이나 됐다. 절반에 가까운 후보자가 전과자였고 그 중엔 전과 10범의 추악한 범죄자까지 있었다. 군 복무를 하지 않은 후보도 16%인 109명이나 됐고…. 그쯤 되면 도무지, 도저히 '善良의 選良'이라고는 할 수 없는 '不良' 투성이고 물건으로 치면 형편없는 불량품들이 아닌가. 더욱 놀라운 건 그 20대 국회의원 후보 전과자 39.23%는 19대의 20%에 비해 곱절로 늘어난 수치라는 그 점이다.

그렇다면 바로 지난 4·15(2020년) 총선(21대 국회의원 선거) 후보는 어떠했던가. 전과자는 2016년 20대에 비해 약간 줄어든 36.8%였지만 병역 미필은 17%로 1%로 늘어났다. 그런데 경악을 금치 못할 것은 살인, 폭력, 사기 등 강력범죄자까지 (善良해야 할) '選良' 후보들 틈에 끼여 있었다는 바로 그 점이었다. 그쯤 되면 시정잡배(市井雜輩) 집단과 뭐가 다르고 어떤 점이 낫다는 것인가.

▲'노래기보다도 더 싫어한다'는 말이 있다. '싫어하기를 사갈시(蛇蝎視)한다'는 말도 있다. 뱀과 전갈이 '사갈' 아닌가. 바퀴벌레나 모기, 거머리는 또 어떤가. 그런데 이들 벌레나 동물보다도 더 국회가 싫다고 비유한 게 있다면 그게 무엇일까. 개 배설물이다. 한국인이 아닌 미국인들이 미국 의회를 가리켜 '개 배설물보다도 더 싫다'고 했다는 것이다. 미 연방정부 잠정예산안이 의회의 브레이크로 통과가 안돼 2013년 10월 1일 정부가 셧다운(휴업) 사태에 빠지자

여론조사기관 PPP가 여론조사를 했다. 그 결과 놀랍게도 'piles(치질)보다도 (의회가) 싫다'가 53%였고 'dog dung(개똥)보다도 싫다'가 47%, 'black beetle(바퀴벌레)보다도 싫다'가 44%였다. 그럼 '아아 대한민국' 국회의원들에 대한 국민 혐오증은 어느 정도일까.

그런 국회의원들을 자기네 당으로 한 명이라도 더 끌어들이기 위한 대한민국 정당들의 막말과 저질 구호, 비방전은 또 어떠했던가. 게다가 지난 4·15 총선은 '전 국민에게 현금을 얼마씩 주자' '그보다 좀 더 주자'는 등 대국민 세금 살포로 매표를 노리는 꼼수 경쟁 추태까지 벌이지 않았던가.

그 여야 거대 양당이 노리는 구호는 오로지 '과반 전략'이었고 '과반수 의석 점령'이었다. 그래서 '과반 전략이 승기(勝機, 勝氣)를 잡았다'는 말을 입버릇처럼 되풀이한 사람이 바로 여당 대표였고 그의 입이었다. 그리고 4·15 총선 투·개표가 끝나자마자 기다렸다는 듯이 여당 측과 언론들이 쏟아낸 언사들도 '우리 당이 과반 의석을 넘었다' '집권 민주당이 과반 이상의 의석을 휩쓸었다'가 아니었던가.

그런데 그 ▲과반 의석의 '과반'이 도대체 무슨 뜻인가. 어떤 수가 '과반의 수'라는 것인지 그렇게 말하는 그들에게 곧바로 다그쳐 묻고 싶었다. '과반(過半)'이란 '반(半)을 넘는다(過)' '절반을 넘는다

(過)’는 뜻 아니냐고 묻고 싶었고 그렇다면 그 ‘과반’이라는 게 도대
체 국회의원 몇 명을 가리키는 것이냐고 주저 없이 묻고 싶었다.

분명히 일러둔다. 대한민국 국회의원 300명 중 150명이 ‘절반
(折半)’인 ‘반수(半數)’고 거기서 단 한 명이라도 많은 151명이거나 그
이상이면 모두가 반수를 넘긴 ‘과반수(過半數)’인 것이다. 그런데도
한자를 모르는 까막눈들은 ‘과반수이상의 의석’이니 ‘과반수 초과
의석’이니 따위 언사를 국회의원 선거 때만 되면 마구 남발하는 거
아닌가. ‘과반’ 자체가 반을 넘는 수효인데 ‘과반이상 의석’과 ‘과반
수 초과 의석’이라니! 하늘 아래 땅위에 그런 수효가 대한민국 말고
어디 또 있겠는가.

다시 한 번 이르지만, ▲‘과반수이상의 의석’이니 ‘과반수 초과
의석’이니 그런 말 따위는 있을 수 없는 무식한 소리다. 그런데도 서
슴없고 생각 없이 주저 없이 그렇게 말하는 까닭은 무엇인가. 그들
한자 까막눈들인 국회의원들과 언론들은 ‘折半(절반)’과 ‘過半(과반)’
이라는 한자 뜻, 말뜻을 구별하지 못하는 까닭이고 300석 중 150석
을 ‘절반’이 아닌 ‘과반’으로 착각, 오해하고 있기 때문이다.

국회의원 선거 때마다 여야 거대 양당이 바라고 노리는 건 바로

절반 의석인 150석 아닌가. 다시 한 번 강조하지만 그 150석은 '과반'이 아니고 절반이다. 절반이 넘는 것을 '과반' 또는 '태반(太半)'이라고도 하고 3분의 2(300석 중 200석) 이상을 '대반(大半)'이라고 한다.

　▲같은 한자를 쓰는 중국에서도 '지날 過'자 '過半(꾸어빤)'은 '절반을 넘는다'는 뜻이고 그 '過半'을 '强半(치앙빤:강반)' 또는 '大半(따빤)'이라고도 한다. 일본어의 '過半(카항)'도 '태반' 또는 '대부분'이라는 뜻이다.

물바다가 된 홍수를 가리켜 초토화됐다고 하다니!
천치 백치 아닌가?

콩인지 보리인지를 구별하지 못하는 바보를 '숙맥불변(菽麥不辨)' 이라고 한다. '魚(어)'자와 '魯(로)'자를 분별 못하는 무식함을 가리켜 또 '어로불변(魚魯不辨)'이라고 말한다. 그런데 뭐가 물이고 뭐가 불인지를 가리지 못하는 수화불변(水火不辨)은 바보나 무식한 정도를 넘어 IQ 한 자리 숫자의 천치나 백치가 아닐까. 홍수 피해지, 온통 물난리를 당한 지역과 벌판을 가리켜 '초토화가 됐다'고 말하는 TV 말이다.

2017년 7월 19일 아침 KBS의 어느 뉴스 해설위원은 ▲'청주 지방이 홍수로 초토화가 됐다'고 말했다. 기자 초년생도 아닌 시니어 해설위원이 그랬다. 2018년 일본 태풍~홍수 피해 때도 TV에선 여러 차례 ▲'일본 어느 지방이 수해로 초토화가 됐다'고 말했다.

2019년 이번 여름에도 어디선가 폭우와 홍수 피해를 당하면 TV에선 영락없이 '초토화가 됐다'고 떠들어댈 것이다. 한자 까막눈들이 말이다.

도대체 '초토화'가 무슨 뜻인가. ▲'焦土化'란 '초토(焦土)가 됐다(化)'는 뜻이고 ▲'초토'는 '검게 타버린 땅, 그렇게 변한 땅'을 가리킨다. 焦가 '탈 초'자다. 그러니까 온통 ▲홍수에 잠긴 지역 지방을 가리켜 '초토화됐다'고 말하는 것은 물을 가리켜 불이라고 우기는 경우와 같다. 그럼 진짜 초토화의 예가 무엇인가. 그건 ▲산불로 인해 새카맣게 타버린 산, 그런 산지가 바로 '초토'가 된 대표적인 사례다. 산불로 인해 새카맣게 타버린 그런 삼림(森林)뿐이 아니라 들불로 타버린 벌판 역시 새카맣게 초토가 된 대표적인 사례 중 하나다. '요원(燎原)의 불길이 벌판을 온통 새카맣게 태워버렸다'고 말하지 않던가. 그게 바로 초토화다.

그런데도 물과 불을 가리지 못하고, 물불을 분별하지 못한 채 물을 가리켜 불이라고 말하는 멀쩡한 지식인들이라니! 그렇게 숙맥불변 어로불변이 되는 이유가 무엇일까. 그건 바로 한자 까막눈이기 때문이고 '초토화'라는 말의 '탈 초(焦)'자 하나 알아차리지 못하는 무지몽매 탓이다. 그리고 '초토화됐다'는 말 자체도 뜻이 겹치는 말이다. 초토화의 '化'자가 '될 화'자다. 따라서 '초토화됐다'고 하면 '초토가 됐다, 됐다'로 뜻이 겹친다.

어쨌거나 홍수 물바다를 가리켜 ▲'초토화됐다'고 말하는 건 2중3중의 망발이다. 그래서 일본에선 '이치야니시테 쇼도가시타(一夜にして焦土化した)'→'하룻밤에 초토화했다'고 말한다. '초토화됐다'가 아니라 '초토화했다'다. 아니, '焦土' 자체가 이미 타버려 새까맣게 된 땅을 가리킨다. 따라서 '초토화'로 化자가 덧붙을 이유가 어디에도 없는 것이다. 초토화된 게 아니라 '초토가 된 것' '초토로 변한 것'이다. 이게 바른 표현이다.

▲중국에는 '焦土化'라는 말이 없고 '化爲焦土(화위초토:후어웨이 쟈오투)'→'초토로 변하다'로 풀어서 표현한다. 그리고 '타서 새카맣게 된' 상태를 '焦黑(초흑:쟈오헤이)'이라고 한다. 그렇다면 어떻게 된 땅이 초토가 된 모습이고 초흑이 된 상태인가.

다시 한 번 일러두지만 산불로 인해 새카맣게 타버린 산지의 산림(山林)과 삼림(森林)모습, 그런 상태야말로 '초토'가 돼버린 상태, 그 생생한 예(例)에다가 증거다. 가까운 예로 ▲지난 봄(2019년)의 강원도 고성 강릉 산불로 인해 새까맣게 타버린 끔찍한 그 모습이 바로 초토가 된 몰골이다. 고성에서만 250ha, 강릉에선 110ha의 산이 초토가 돼버렸다. 1ha는 3천 평, 서울 여의도 면적의 2배가 넘는 산지가 초토가 되고 초흑(焦黑)이 돼버린 것이다.

작년(2018년) 11월 8일 미국 캘리포니아 주 북부와 남부에서 잇달아 발생한 산불은 16일까지 서울 면적 1.5배의 산지를 초토로 만들었고 60여명이 사망하고 600여명이 실종됐다. 산지뿐 아니라 숱한 사람까지도 마치 화형(火刑)을 당하듯이 새카맣게 끔찍한 초토가 돼버린 것이다. 그 캘리포니아 주 산불은 마치 연례행사와 같아 매년 평균 2천500여 건의 크고 작은 산불이 발생한다. 그 주범은 바로 '산타아나(Santa Ana)' 바람이다. 캘리포니아 주 오렌지카운티(Orange County)에 있는 도시 이름이 산타아나다.

해마다 10월부터 이듬해 봄까지 미국 모하비(Mojave)사막과 서부 내륙 그레이트베이슨(Great basin 대분지)에서 형성된 고기압이 시에라네바다 산맥을 넘어오면서 건조하고 강한 돌풍으로 변해버리는 것이다. 그 강풍이 바로 '산타아나 바람'이고 그 바람이 산불의 불길에 강력한 부채질을 해대는 격이고 그런 탓이다. 그래서 2017년 12월의 산불도 한 달 가까이나 잡히지가 않아 서울 면적

(605㎢) 1.8배의 산지를 초토로 만들어버렸고 건물도 1천300여 채나 불타버렸다.

그런데 영어의 산불은 'mountain fire'가 아니라 'forest fire' 또는 'wood fire'라고 부른다. '숲이 타는 불' '수목(樹木)이 타는 불'이라는 것이다. '산불 예방' 또한 '숲 불 예방(prevent forest fires)'이라고 한다. 이유가 뭘까. 산의 일부가 타는 거지 산 전체가 타 없어지는 게 아니기 때문이다. 또한 흥미로운 건 한국과 중국에선 각각 산불(山火), 山火(산후어)지만 일본에선 야마비(山火)—산카(山火)보다는 야마카지(山火事)라고 한다. 왜 山火라는 말에 事자가 붙는 것일까. 산불이 나면 후딱후딱 끄는 일과 넓게 번지지 않게 막는 일이 그만큼 어렵고 큰일이라는 거 아닐까. 아무튼 '새카맣게 타버린 땅'의 실례(實例)로는 산불로 인해 새카맣게 된 '흑산화(黑山化)'를 첫 번째로 꼽을 수 있다.

산불만이 아니라 '요원(燎原)의 불길'처럼 번진다는 그 요원의 불→들판 벌판의 불 또한 두렵고 그로 인한 초토화 또한 무섭다. 그 좋은 예가 있다. 삼국지에서 제갈공명이 조조(曹操)의 군대를 상대로 툭하면 써먹던 들판에 불 지르기 화공(火攻) 전술 말이다. 그것까지야 예로 들 것도 없겠지만….

근래의 예를 보자. 2015년 4월 13일 중국과 인접한 러시아 초원에 대형 화재가 발생했다. 그런데 그 불길이 중국 국경을 넘어 내몽골(內蒙古) 액이고납(額爾古納:어얼구나)시 헤이산터우(黑山頭)진까지 번져버린 것이다. 그로 인해 중국 국경 지역 마을의 97채 가옥이 불타버렸다. 그건 러시아와 중국 양국 국경 초원이 동시에 초토가 돼버렸고 숱한 주택까지도 새까만 집→새까만 땅의 초토가 돼버린 썩 드문 예 중의 하나다. 그야말로 '요원의 불길'이 양국의 들녘을 집어삼켜 초토로 만들어버린 것이다.

'요원의 불길처럼 번졌다'고 말할 때의 燎자는 '불 놓을 료'자다. '요'가 아니고 '료'자다. 그런데 '燎原'이라는 말 자체가 '들판을 태우다'라는 뜻이다. 중국에선 또 기세가 맹렬한 '요원의 불길'을 '요원열화(燎原烈火:랴오위엔리에후어)'라고 한다.

지난 6월 중국 광시(廣西) 장족(壯族:좡주) 자치구에서는 1주일간 내린 폭우로 6개 도시가 물에 잠겨 20여명의 사망자와 60여 만 명의 수재민을 냈다. 그밖에 꾸이저우(貴州) 충칭(重慶) 광둥(廣東) 후난(湖南) 푸젠(福建)성 등 남부 지역도 폭우로 인해 홍수 사태가 빚어졌다. 그런데 만약에 ▲중국의 지식인이 그런 폭우의 물난리를 가리켜 '초토가 됐다'고 말한다면 어떻게 될까. 곧바로 정신요양원에 강제로 입원당하는 꼴이 되지 않을까.

정신병원까지는 몰라도 된통 놀림을 받을 게 뻔하다. 아마도 '사과, 사과(사구아)!'라며 애꿎은 사과(먹는) 신세가 되는 건 아닐까. 중국어 '사과(傻瓜)'는 먹는 과일인 사과가 아니라 바로 '바보, 멍텅구리'라는 뜻이기 때문이다. 傻는 '약을 사'자로 어려운 글자지만 '傻瓜'의 글자 뜻은 '약은 오이'고 발음이 '사과'다. 또한 일본에서 가장 흔한 욕은 '바카야로(馬鹿野郎→바보 자식, 멍청이 놈)'다. 그런데 왜 애꿎은 말과 사슴을 들먹거리는 것인가.

어쨌거나 한 마디로 잘라 말해 ▲중국과 일본에선 상상도 못한다. 한자를 상용(常用)하는 그들이 '탈 焦'자를 몰라 홍수를 가리켜 '초토가 됐다'고 말할 수 있겠는가?

‘기차’가 무슨 뜻인가? 기적 소리의 ‘기적’은
또 무슨 뜻인가?

기차가 뭔지 모르는 사람은 거의 없을지도 모른다. 그러나 한자 까막눈들은 ‘기차(汽車)’가 무슨 뜻인지를 거의가 모를 것이다. 국어 사전의 ‘기차’ 뜻풀이부터 보자. ‘①증기기관차로 객차, 화차를 견인하고 궤도를 달리는 열차 ②열차의 속칭으로 특히 장거리 열차’라고 했다.

그러나 긴 설명이 필요 없다. ▲기차의 ‘汽’자는 ‘김 기, 수증기 김’자고 수증기는 물이 증발하여 된 기체다. 그러니까 김을 내뿜는 열차, 수증기를 내뿜으며 달리는 열차가 ‘기차’라는 것이고 증기기관차라는 것이다. 바꿔 말해 김을 내뿜지 않고 수증기를 내뿜지 않는 기관차는 ‘기차’가 아니다. 그럼 뭔가? 그냥 ‘열차’다. ▲길게 줄을 이어 달리는 기관차가 열차다. 列이 ‘줄지을 렬’자다. 원래 한자가 '열'이 아니고 '렬'자다. 따라서 '열차'가 아니라 '렬차'다. 한국만 두음법칙에 따라 '열차'로 적을 뿐이다.

그런데 요즘도 김을 내뿜고 수증기를 뿜어 올리며 달리는 열차, 즉 기차라는 걸 본 사람이 있는가. 또한 '기차'는 요란한 기적을 올리며 달리고 울리며 달린다. ▲'기적(汽笛)'이란 '김과 수증기로 요란하게 부는 피리'라는 뜻이다. 笛이 '피리 적'자다. 그런데 요즘도 대한민국 땅에서 김과 수증기로 부는 김 피리, 귀 아픈 수증기 피리 소리를 누군가 들은 사람이 있을까. 없다. 그런데도 아직도 '기차, 기차, 기차…'와 '기적 소리'라는 말이 우리 생활 주변에서 사라질 줄 모르니 별나고도 이상하지 않은가.

인터넷엔 ▲순천 기차여행 당일코스(2019년 8월 26일) ▲2019 추석 기차표 ▲코레일 기차여행 ▲가을로 가는 기차 등 '기차'라는 말이 넘쳐난다. 노랫말 속의 '기차'도 나훈아의 '녹 슬은(녹 슨) 기찻길' 손인호의 '기적 소리' 이은하의 '멀리 기적이 우네/ 기적 소리 멀어져가네…' 등이야 좀 오래된 노래지만 김연자의 노래 속 '기적 소리 울음소리 나를 나를 울리네'는 최근의 노랫말 아닌가.

어처구니없게도 웃기는 건 또 박상철의 '빵빵빵 기적을 울리며 시골 버스 달려간다'는 그 노래다. 무슨 버스가 어떻게 김을 내뿜고 수증기를 내뿜으며 기적을 울리나? '기적'이 아니고 '경적, 경적(警笛)'이다. 클랙슨이고 혼(horn)이다.

그런데 '빵빵빵 기적을 울리며 시골 버스 달려간다…'는 노래보다도 더욱 배꼽 잡도록 웃기는 게 있다. 중국에서는 ▲자동차를 '汽車(치처:기차)'라고 한다. 세상에, 자동차를 가리켜 '기차'라고 하다니! ▲버스는 또 '公共汽車(꿍꿍치처:공공기차)'다. '공공기차'가 버스란다. ▲시내버스는 '市內公共汽車(스네이꿍꿍치처:시내공공기차)'고…. 그럼 택시는 뭐라고 할까. ▲택시는 '出租汽車(추쭈치처:출조기차)'라고 부른다. '出租'는 '세를 주다'라는 뜻이다. 그러니까 '세를 주는(임대하는) 기차'가 택시란다. 중국인들은 또 버스를 Bus 발음에 맞춰 '巴士(빠스:파사)'라고도 부르고 택시를 '的士(띠스:적사)'라고도 일컫는다. 요금 비싼 고급 택시는 '火的(후어띠:화적)'이고…. '火賊'이 아니고 火的이란 말인가. '巴士(빠스)'의 빠는 '땅 이름 파'자다.

그런가하면 ▲승용차는 小汽車(샤오치처) ▲자가용차는 私人汽車(쓰런치처:사인기차)고 ▲정류장은 汽車站(치처잔:기차참) ▲자동차 번호판은 汽車牌号(치처파이하오:기차패호) ▲차도(車道)와 자동차도로는 汽路(치루:기로) ▲차고(車庫)는 汽車房(치처팡:기차방), 汽車間(치처지엔),

汽車庫(치처쿠:기차고) 등으로 불린다. 상상 좀 해 보자. 중국의 거리에 넘쳐나는 온갖 종류의 기차들을…. 웃겨도 보통 웃기고 웬만큼 웃기는 게 아니다. 그런데 그 많은 버스 택시 자가용 승용차 등 기차들이 달리면서 일제히 김(汽)을 뿜어대고 수증기(汽)를 뿜어대고 김 피리, 수증기 피리인 '기적(汽笛)' 소리를 요란스레 울려댄다면 어떨까. 그런 요지경 사태를 상상이나 할 수 있을까.

그런데 중국인들이 자동차도 버스도 택시도 엉뚱하게 '기차'라고 부른다면 그럼 정작 김 내뿜고 수증기 내뿜으며 기적을 울려대는 '汽車'는 뭐라고 부를까. 그들은 ▲기차를 '火車(후어처:화차)'라고 한다. 소방차도 아니고 불자동차도 아닌 기차를 '불차(火車)'라고 하다니! 따라서 ▲기차역은 '火車站(후어처잔:화차참→站은 역 참자)'이고 ▲기차표는 '火車票(후어처퍄오:화차표)'다. ▲증기기관차는 '火車機車(후어처지처:화차기차)' 전기기관차는 '電動火車(띠엔뚱후어처:전동화차)'고…. 그런데 기차가 아닌 열차만은 글자 그대로 ▲'列車(리어처)'라고 한다. ▲특급열차는 '特快列車(터콰이리어처:특쾌열차)'고….

일본에선 우리처럼 그냥 '汽車(키샤:기차)' '列車(렛샤:렬차)'라 하고 특별열차는 '토쿠베쓰렛샤(特別列車)'라 부른다. 일본 땅에선 '열차'가 아니고 '렬차'다.

어쨌든 ▲요즘엔 '기차'는 없고 '열차'뿐이다. 줄을 지어 달리는 기관차가 열차다. 서울역이고 부산역이고 김을 내뿜고 수증기를 내뿜고 요란한 기적을 올려대며 칙칙폭폭 달리는 기차는 없지 않은가. 한국뿐 아니라 아프리카 오지 국가 어디에도 그런 기차는 없을 것이다. 그런데도 열차를 가리켜 기차라고 부르다니, 얼마나 웃기는가. 그나마 지하철이라는 열차를 기차라고 부르지 않는 게 그나마 다행인지도 모른다. '기차는 열차의 속칭'이라는 국어사전도 '한자 까막눈'의 얼빠진 존재가 아닐 수 없다.

▲한국 땅에 기차가 처음 도입된 것은 1896년(고종 33년)이었고 서울 노량진~인천 제물포에 부설된 첫 철도가 개통되었던 것이다. 하지만 독일의 기계 기사(技師) 루돌프 디젤(Diesel)이 디젤기관차(diesel locomotive) 원리를 발표한 건 한국 땅에 칙칙폭폭 증기기관차인 기차가 첫 개통된 그 1896년보다도 3년 먼저인 1893년이었고 실제로 디젤 기관을 완성한 건 1897년이었다.

그 ▲디젤기관차인 열차가 한국 땅에서 첫 운행된 건 1951년 6.25 전쟁 중 유엔군에 의해서였고 본격적으로 디젤기관차가 운행된 것은 1956년 3월부터였다. 그 후 1978년 11월 현대차량에서 최초의 국산 디젤기관차를 생산해 철도 동력 현대화를 이룩했던 것이다. 그 디젤기관차를 우리는 ▲'디젤전기기관차'라고 불렀다. 그러니까 ▲한국 땅에서 칙칙폭폭 요란한 수증기 기관차인 그 기차가 사라진 것만도 40년이 넘었다. 그런데 아직도 '기차여행'이니 '기차관광'이니 하는 소리가 끊이지 않다니 어이가 없고 이상하기 그지없지 않은가.

지금은 고속철도 시대다. ▲한국에 고속열차 시대가 열린 것만도 2004년 4월이었다. 이른바 'Korea Train eXpress'의 KTX다. ▲일본의 신칸센(新幹線)→프랑스의 TGV(테제베)→독일의 ICE(이체)→스페인의 AVE(아베) 다음으로 세계 5번째였다. 그 2004년 4월 1일 KTX 개통식에 프랑스의 르 몽드, 르 피가로, 라 트리뷴 등을 비롯한 외신들은 큰 관심을 보였고 특히 일본 NHK TV는 '한국판 신칸센, 꿈의 300km(시속)'라는 커다란 자막과 함께 자세히 보도했다. 그 때 NHK 기자가 한국의 첫 KTX에 시승(試乘)한 한국인 승객들과의 인터뷰 장면까지 내보냈다.

그런데 승객들은 소감을 묻는 그 일본 기자에게 하나같이 들뜬 어조로 '자부심을 느낀다'고 말했다. 그 순간 일본 기자의 내심은 무슨 생각과 얽혀 있었을까. ▲일본이 도쿄~오사카(大阪)의 515㎞ 첫 고속열차 신칸센을 개통한 것은 1964년 도쿄 올림픽이 열린 그 해 10월 1일이었다. 한국과는 꼭 40년 격차였다. '그 사실을 당신들은 알고나 있느냐'고 그 일본 기자는 KTX 첫 승객들에게 묻고 싶었을 지도 모른다. ▲지하철(지하철도 열차)만 해도 도쿄의 1호선이 개통된 것은 아득한 1927년이었으니까 1974년 개통된 서울 지하철 1호선 에 비해 47년이나 앞섰다. 프랑스의 파리~리옹(Lyon) 간 첫 TGV 개 통은 1981년으로 KTX보다 23년 먼저였고 독일의 함부르크~프랑 크푸르트~뮌헨의 ICE 개통은 1991년이었다.

그런데 미래의 고속열차 시대는 어떻게 열릴까. 시속 422㎞ 로 주파하는 일본 신칸센 열차는 명함도 못 내밀 ▲시속 1200㎞ 의 이른바 하이퍼루프(hyperloop) 열차시대가 열린다는 거 아닌가. hyper는 '초월, 비상한'이라는 뜻이고 loop는 '고리, 환상선(環狀線)' 이라는 뜻이다. 진공 터널을 만들어 열차의 저항을 줄이고 자기장 (磁氣場)을 이용해 속도를 무려 시속 1200㎞까지 높인다는 거 아닌 가. 그런데 미국의 하이퍼루프원 사(社)가 이미 2016년 5월 주행 시 험에 성공한 바 있다. 보잉 737 여객기의 시속 780㎞를 훨씬 뛰어넘는 무시무시한 고속열차다.

그 하이퍼루프 열차의 시속 1200㎞ 시험 주파 성공에 대해 우리 언론들이 그 2016년 5월 즉각 보도한 바 있다. 그런데 그 한국 언론들의 보도를 보면서 기가 탁 막히고 콱 막히지 않을 수 없었다. 그 아찔한 속도의 미래형 열차 하이퍼루프를 가리켜 수도 없이 '기차다, 기차는, 기차의, 기차를…' 했기 때문이다. 기차라니? 그 진공 터널 속을 획— 하고 쏜살처럼 무서운 속도로 지나쳐버리는 자기부상 열차가 엉뚱하게도 연속 김을 내뿜고 수증기를 내뿜으며 요란한 수증기 피리(汽笛) 소리와 함께 달린다는 것인가 뭔가. 그런 기차(?)를 상상이나 할 수 있는가.

김 차, 수증기차(汽車)가 아니고 그냥 열차(列車)고 줄지어 달리는 기관차다. 하긴 동화 속 열차 같은 추억의 기차, 칙칙폭폭 수증기를 내뿜고 수증기 피리인 '기적(汽笛)'을 불어대며 달렸던 그런 완행열차가 그리울 때도 있긴 있다. 얼마나 친근하고 로맨틱했던가. 차창 밖 풍경을 가까이 감상하며 온갖 회상에 젖은 채 달릴 수 있었던 그런 관광열차도 서서히 달리는 느림보 기차라야 제격이었다. 차창 밖 전망(展望)열차, 바로 그거 아니었던가. KTX 등 고속열차야 획획 지나가는 먼 산, 먼 경관밖에 감상할 수 없지 않은가. 장단점은 있다.

옛 기차가 그립다.

한자 까막눈들은 국가 안위의 '안위' 뜻도 모른다

한자 까막눈들은 '국가 안위'라고 할 때의 '안위'라는 말이 무슨 뜻인지도 모르고 지껄인다. 예를 들어보자.

▲2019년 1월 30일 김의겸 청와대 대변인→"대통령 가족의 사생활 문제를 문제 삼는 것은 국가 안위를 위태롭게 하는 것이다"

그렇게 말한 그에게 묻고 싶다. '국가 안위'라고 말했는데 그 '안위'가 무슨 뜻이냐고. 대신 대답해 줄까? 그 '안위'가 바로 이 한자의 '*安危*'라고. '안전과 위험'이고 '안전함과 위태로움'이 곧 '*安危*'다. 그렇다면 그 청와대 대변인의 말은 '대통령 가족의 사생활을 문제 삼는 것은 나라의 안전도 위태롭게 할 뿐만 아니라 그와 함께, 동시에 나라의 위험도 더욱 위태롭게 한다'는 뜻이 된다. 안 그런가.

세상에, 대통령 가족의 사생활을 언론에 밝히는 게 왜, 무엇 때문에 국가의 안전에 문제가 된다는 것인지 도무지 알 수가 없다. 또한 대통령의 사생활 노출이 왜, 어떻게 또 국가의 위험과 위태로움을 더욱 위험하고 위태롭게 한다는 것인가. 그는 '국가 안위'라는 말을 '국가 안보(安保)' 쯤으로 그 뜻을 착각하거나 혼동하고 있는 건 아닌지 묻고 싶다. 국가든 사회든 가정이든 그 안전이 위험하고 위태롭게 되는 건 몰라도 어떻게 위험함과 위태로움이 다시? 더욱? 더 위험하게 되고 위태롭게 된다는 것인가.

대통령 가족의 사생활이 밝혀지고 언론에 알려지는 건 국가 안위와는 '거의'가 아니라 전혀 관계가 없다. 국가 안전과도 관계가 없고 국가의 위험과 위태로움에도 거의 100% 관계가 없다. 미국을 비롯한 선진국의 대통령 가족 사생활을 구차하게 예로 들 것도 없다.

▲2018년 2월 19일 조선일보 (남북정상회담 관련) 사설→"현재의 대북 제재는 과거와는 차원이 다르며 자칫 북정권의 안위를 위협할 수도 있다"

이 사설의 '안위'라는 말도 마찬가지다. 안전과 위험이 '安危'다. 그런데 미국의 대북 제재(制裁), 즉 북한에 대한 제재가 북한 정권의 안전과 위험을 동시에 위협할 수도 있다고? 그런 뜻인가. 도대체 대북 제재라는 게 북한의 안전을 다소 위협한다면 몰라도 북한의 위험을, 이미 위태로워진 위험이라면 그 위험을 뭘 어떻게 더 위태롭게 한다는 것인가. 그 역시 '안위'라는 말을 '안보'나 '안전' 정도의 뜻으로 알고 있는 건 아닐까.

그럼 '안위'라는 말을 어떤 경우에 어떻게 써야 하나. 그 합당한 쓰임새를 예거해 보자. ▲그 것은 국가의 안위가 걸린 중대한 문제다. ▲그 문제야말로 나라의 안위를 좌우하는 중요한 사안이다. ▲북한이 핵을 포기하느냐 마느냐의 크나큰 결단이야말로 조선민주주의인민공화국, 즉 북한이라는 나라의 국가적인 운명의 갈림길인 안위를(안전이냐 위험이냐를) 스스로 선택하는 중대사가 아닐 수 없다. '안위'라는 말은 이렇게 써야 합당하다.

그런데도 '안위'라는 말을 '안전' 또는 '안보'와 비슷한 뜻으로 잘못 알고 쓰는 경우가 흔하다. 예를 들어 보자.

▲2017년 10월 13일 아침 KBS 뉴스 해설→"북한 핵이 안위를 보장해 주지는 못한다"

▲2017년 5월 24일 MBC 연속극 '군주'→"종묘사직의 안위가

위태롭습니다”

▲2017년 2월 27일 신문 광고문→‘국가 안위를 위한 예비역 장군들의 호소’

▲2016년 8월 2일 박근혜 대통령→“(사드 배치는) 국가 안위를 위해 내린 결정입니다”

▲2016년 7월 19일 황교안 국무총리 국회 답변→“사드는 국가 안위를 지키기 위한 불가피한 조치입니다” 등.

‘안위’라는 말의 성분 중 50%는 안보와 안전이고 나머지 50%는 위험과 위태로움이라는 것을 지각(知覺)하기가 그다지도 어려운 것인가. 한자 까막눈 증세 탓 아닌가.

같은 한자를 쓰는 일본어에도 ‘안전과 위험’이라는 뜻의 ‘安危(안키)’라는 말은 있고 흔히 ‘안위를 염려하다 걱정하다(安危を氣づかう: 안키오 키즈카우)’라고 말한다. 그럴 경우 안전한 상태나 안전하게 될까를 염려하는 게 아니라 위험하게 될까 위태로워질까를 염려한다는 뜻일 게다. 그래선지 일본인들은 ‘안위’ 양쪽보다는 ‘安’쪽 ‘安’편을 강조한다. 그래서 ‘아주 편안한 모습’도 ‘安安(야스야스)’이라고 말한다.

중국에서도 '安危(안웨이)'라는 말은 '안전과 위험'이라는 뜻으로 통한다. 하지만 안전함(安)을 강조해 말한다. 安當(안땅:안당)은 '안정하다'는 뜻이고 安固(안꾸:안고)는 '안정되고 공고하다'는 뜻이다. 安帖(안티에:안첩)은 '평안하고 안정되다', 安土(안투:안토)는 '국가를 평안하게 하다'는 말이고…. 그 '安土'를 더 강조하는 말도 있다. 安邦定國(안빵띵궈:안방정국)이다. '국가를 안정시키고 공고하게 하다'는 뜻이다. 나라가 '반석처럼 편안하고 튼튼하다'는 뜻의 '安如磐石(안루판스:안여반석)'이라는 말도 있다.

그런가하면 일본의 '安安(야스야스)'처럼 중국에도 安자가 겹치는 말이 다수다. '安安心心(안안신신:안안심심)'은 '안심하다, 마음 놓다'는 뜻이고 '安安頓頓(안안뚠뚠:안안돈돈)'은 '편안하다, 편안히 안정되게'라는 말이다. '安安穩穩(안안원원:안안온온)'이라는 말은 또 '평온하다, 평안히'라는 뜻으로 쓰인다. 섣불리 웃을 일이 아니다. '안위'가 아닌 안전과 안보를 그만큼 중요시한다는 증거 아닌가.

서울엔 안국동(安國洞)이라는 동네도 있고 안국역이라는 지하철역도 있지만 안국, 안국처럼 중요한 게 없고 국가 안보보다 더 중요한 건 없다. 그 안국동을 중국식 표현처럼 '安安國洞'으로 바꾸는 게 어떨까. 그만큼 국가 '안위' 중에 '안전'은 막중하고 그런 안전을 지켜내기 위해서는 '안위' 중의 '위험 위태로움'에 24시간 대처, 막아내고 제거할 대비 태세를 갖춰야 함은 물론 아닌가.

한 나라를 지탱하는 두 기둥과 양 축(軸)은 경제와 안보다. 그런데 2019년 여름인 이 시점의 대한민국은 위기다. 경제도 안보도 위기다. 우리 한반도야말로 지리적으로 복 받은 땅이다. 큰 땅덩어리의 중국이나 이웃 일본열도에 비해 한반도는 큰 자연재해가 드물고 거의 없는 거나 마찬가지다. 중국 땅의 광둥(廣東) 광시(廣西) 꾸이저우(貴州) 후난(湖南) 푸젠(福建)성 등 남단 지역은 홍수 재해(災害) 재난이 연례행사처럼 되풀이된다.

그런가하면 그 드넓은 중국 땅의 한가운데인 쓰촨(四川)성은 지진 다발지역이다. 2019년 6월 17일 쓰촨성 이삔(宜賓:의빈)시는 규모 5.6의 지진으로 200여명의 사상자를 냈지만 그 정도의 지진 피해는 아무것도 아니다. 2008년 5월의 그 쓰촨성 원촨(汶川) 대지진 때는 무려 9만여 명이 사망했다. 게다가 토네이도(tornado) 하면 미국 땅부터 연상되지만 중국 대륙도 휩쓴다. 2019년 7월 3일 동북단 랴오닝(遼寧)성의 카이위안(開原)시에 토네이도가 몰아쳐 6명이 죽고 190여명이 부상했다. 그 토네이도를 중국에서는 '용권풍(龍卷風:룽쥐

엔펑)'이라고 한다. 회오리바람이라는 거다. 일본 땅은 어떤가. 일본 열도도 한 여름철에 열 번까지도 태풍이 몰아치는 등 자연 재해가 잦고 열도 구석구석 큰 지진을 비롯해 경미한 지진까지 지진 없는 날이 하루도 없을 정도다.

한반도 우리 땅은 그런 자연 재해보다는 안보가 늘 문제다. 국가 '안위' 중 안전이 늘 걱정이다. 나라가 언제 어떻게 위험하고 위태로워질까, 그런 절망적인 지경에 빠져 아예 망하는 건 아닐까 늘 염려되고 우려되기 때문이다. 2019년 여름 현재 우리 땅의 '안위'는 10%가 안전이고 90%는 위험하고 위태롭지 않은가.

2018년 1월 23일 미국 중앙정보국(CIA)의 마이크 폼페이오(Mike Pompeo) 장관이 미국의 싱크 탱크 아메리칸 엔터프라이즈(American Enterprise) 연구소에서 강연을 했다고 CNN TV가 그 이튿날 보도했다. 그 강연에서 폼페오 장관이 자신 있게 말했다는 것이다. "미국 첩보 커뮤니티는 의연하게 내다볼 수 있다. 북한 지도자인 김정은 조선노동당위원장에 대해서는 일단 합리적인 행위자로 볼 수는 있다. 그러나 북한의 핵병기 개발은 북한 체제의 유지뿐 아니라 한반도 통일도 시야에 넣고 있다는 점이 중요하다. 다시 말해 자신의 체제 아래 한반도를 재통일하기 위해서는 핵과 통상전력을 겸비할 가능성이 높다"고. 그 CIA 전 장관이 바로 2019년 6월 현재의 미 국무장관 아닌가.

북한의 핵무기 개발은 바로 북한 1인 독재의 전체주의 체제로 '남조선'을 흡수통일하기 위한 수단이자 목적이라는 그런 소리다. 그런가하면 미국의 해리 해리스(Harry Harris) 태평양사령관은 또 그 다음 달인 2018년 2월 14일 미 하원 군사위원회 청문회에서 자신 있게 말했다. "북한의 핵 보유 목적은 바로 김정은 1인 독재 체제의 한반도 적화통일 아니겠느냐"고. 김일성~김정일이 이루지 못한 적화통일 열망을 3대 세습의 김정은이 더더욱 버리지 못하고 있다는 것이다. 그 해리 해리스 미 태평양사령관은 그 5개원 후인 2018년 7월 주한 미국 대사로 부임해 오지 않았던가. 검은 콧수염 패션으로….

폼페이오 미 국무장관이나 해리스 주한 미국대사, 그들의 견해가 아니더라도 요즘 우리 한반도 적화통일을 염려하는 목소리들이 여기저기서 들린다. 북한이 간절히 원하고 요망하고 갈망해온 미·북 평화협정 체결로 주한미군의 '주한(駐韓)' 명분을 희박하게 만든 후 결국 철수하도록 한다는 게 그들의 지상(至上) 목표 아닌가. 그런 뒤 일시적이고 잠정적인 남북 연방제 통일 체제를 과도기로 거치게 한 후 곧바로 적화통일 수순을 밟으려 하는 것 아니냐는 그런 우려의 목소리들이다. 그렇다면 한반도 '안위'의 '安'은 10% 미만인데 '危'가 90% 이상 아닌가. 그런 염려와 걱정들이다.

'대한민국 수호 예비역장성단'의 2019년 1월 25일자 신문광고문을 보면 소름이 돋는다. 미군이 철수하면 대한민국 산야는 죽음의 벌판(킬링필드)이 된다는 것이다. '가진 것 빼앗기고 맞아 죽고 굶어 죽고…' 그렇게 죽는다는 것이다. 우리 기독교인들의 우국(憂國)의 소리 또한 높다. 2012년 5월 12일 금란교회 김홍도 목사의 조선일보 전면 호소문을 봤을 때도 소름끼쳤고 지극히 염려스러웠다. 공산주의자들은 종교를 '인민의 아편(마약)'이라 하고 기독교를 '개독교'라고 말한다는 것이다. 북한에 종교라고는 오직 김일성 주체사상의 '김일성 교(敎)'밖에 없기 때문이다. 그러니 만약 한반도가 적화 통일된다면 1천만 명에 가깝다는 한국 기독교 인구의 '안위'는 어떻게 될까.

대한민국의 '안위'가 安 90% 이상, 危 10% 미만의 상태로 확 뒤바뀌기를 희망하고 요망하고 갈망한다.

'자가용'이 무슨 뜻인가. 자기 집 자동차만이
자가용인가.

한자 까막눈들이 '자가용'이라는 말뜻을 한 번쯤이라도 생각해 본 적 있을까.

국어사전의 '자가용'이라는 말 뜻 풀이는 '①영리를 목적으로 하지 아니하고 자기 집의 필요에 전용(專用)하는 것 ②자가용차'다. 여기서 ▲②번의 뜻풀이 '자가용=자가용차'는 잘못이다. 왜? '자가용'은 자가용차뿐만이 아니기 때문이다. ▲자기 집(自家)에서 쓰는(用) 모든 물건, 즉 차량은 물론이고 집안의 가구류와 기계류, 용품들까지도 모두가 '자가용'이기 때문이다. 또한 자가용차 외에 국어사전이 예거(例擧)한 자가용 비행기, 자가용림(自家用林) 외에도 자가용 요트, 자가용 오토바이(모터사이클)도 있고 자가용 경운기 트랙터 이앙기 제초기 수확기 등 농기구도 있지 않은가.

　　▲일본어 사전을 봐도 ‘自用(지요)’은 ‘자기가 씀 또는 쓸 것’이다. 그런가하면 ‘自家用(지카요:자가용)’은 ①‘자기 집에서 씀, 쓰는 것’이라고 했고 ②‘自家用自動車(지카요지도샤)’의 준말이라고 했다. 문제는 ②번, 잘못은 ②번이다. 어떻게 왜 ‘자가용’이 ‘자가용 자동차’의 준말이 될 수 있는가. ‘自家用’이라는 한자의 뜻은 ‘자기 집에서 쓰는 것’이다. 그러니까 ▲한국어사전이 ‘자가용＝자가용차’라고 한 것도 잘못이고 일본어사전이 ‘자가용자동차의 준말이 자가용’이라고 한 풀이도 잘못이고 글렀다.

　　그런데 ▲중국엔 ‘自動車’라는 말 자체가 없다. ‘自家用’이라는 말도 없고 ‘自家用車’라는 말도 없다. ▲중국에선 자동차를 가리켜 엉뚱하게도 ‘汽車(치처:기차)’라고 한다. 자동차가 어떻게 김과 수증기를 내뿜는 기차라는 것인가? ‘자가용’이라는 말도 중국에선 ‘自用(쯔용)’이라 하고 ‘자가용차’는 ‘私車(쓰처:사차)’ 또는 ‘私人車(쓰런처:사인차)’라고도 하지만 ‘자가용차’의 공식 호칭은 ‘自用汽車(쯔용치처:자용기차)’다. 그밖에 ‘轎車(쟈오처:교차)’라는 호칭도 있다. ‘승용차’라는 뜻이다. ‘轎’는 ‘가마 교’자다. 소형 자동차와 승용차를 가리켜 중국에선 ‘車子(처쯔:차자)’라고도 한다.

자동차를 가리켜 중국에선 ‘기차’라고 한다면 정작 기차(열차)는 뭐라고 부를까? ▲중국에선 기차를 ‘火車(후어처)’라고 한다. 그런가 하면 ▲버스는 ‘公共汽車(꿍꿍치처:공공기차)’ 또는 ‘巴士(빠스:파사)’라고 부른다. ‘巴士’는 ‘Bus’라는 발음의 取音인 듯싶다. 또한 ▲택시를 가리켜 중국인들은 ‘出租汽車(추쭈치처:출조기차)’라고 말한다. ‘出租(추쭈)’는 ‘세를 주다, 세를 놓다’는 뜻이다. ‘的士(띠스:적사)’라는 호칭 또한 택시를 가리킨다. 지하철은 ‘地鐵(띠티에)’다. 그리고 오토바이(모터사이클)는 ‘摩托車(모투어처:마탁차)’, 자전거는 ‘自行車(쯔싱처:자행차)’, 자동판매기는 ‘自助機(쯔주지:자조기)’라 부른다.

또한 별나게도 차량행렬을 ‘車隊(처뚜이:차대)’라고 하는데 차의 행렬은 ‘車龍(처룽:차룡)’이라고 부른다. ‘차량행렬’이나 ‘차의 행렬’이나 그 말이 그 말 아닌가. ▲교통사고도 ‘윤화(輪禍)’라 하지 않고 중국에선 ‘車禍(처후어:차화)’라고 한다. 하긴 ‘(차)바퀴가 부르는 화(禍)’보다는 ‘차가 부르는 화(車禍)’가 직설적인 표현이긴 하다. 또한 ▲자동차 운전자(운전기사)는 ‘車手(처서우:차수)’, 자동차 운전 면허증은 ‘車牌(처파이:차패)’ 또는 ‘車照(처자오:차조)’다. ‘牌’는 옛날 암행어사가 허리춤에 차고 다니던 그 ‘마패(馬牌)’처럼 ‘패 패’자다. 그러니까 지금도 운전면허증을 옛날 그 암행어사 패처럼 허리에 차고 다닌다는 것인

가. 그럼 '車照'는 왜 또 '차조'인가. 중국에선 여권을 '護照(후자오:호조)'라고 하니까 운전면허증도 '차조'라는 그 말인가.

▲정거장, 정류소는 또 '車站(처잔:차참)'이고 차도(車道)는 '車行道(처싱따오:차행도)'다. '站'은 중국의 역마다 표시된 '역 참'자다. 자동차 브레이크는 또 '車閘(처자:차갑)'이라고 한다. 閘은 수문(水門), 갑문(閘門)이라고 할 때의 그 '물문 갑'자다. 자동차 브레이크에다가 왜 수문을 열고 닫고 할 때의 그 수문을 찍어다 붙였는지 모를 일이다. 차비도 '車錢(처치엔:차전)' 또는 '車資(처쯔:차자)'라고 해 별나다.

14억 인구에다가 한반도 땅의 약 44배인 중국 대륙은 마치 전 세계 자동차 전시장 같다. 그런데 ▲전 세계 유명 자동차 브랜드가 중국 땅에선 깡그리 한자로 둔갑한다. 現代(시엔따이:현대) 起亞(치야:기아) 三星(싼싱:삼성) 大宇(따위:대우) 雙龍(쌍룽:쌍룡)등 한국 자동차를 비롯해 모든 나라 브랜드도 '한자 일색'이라 별나고도 흥미롭다.

▲포드→福特(푸터:복특) ▲크라이슬러→克萊斯勒(커라이쓰러:극래사륵) ▲제너럴모터스→通用汽車(퉁융치처:통용기차) ▲폭스바겐→大衆(따중:대중) ▲벤츠→朋馳(펑츠:붕치) ▲캐딜락→卡迪拉克(카디라커:가적납극). '卡'자는 원래 '지킬 잡'자지만 중국에선 '억류하다 보류

하다 막다'는 뜻의 '가'자로 분류해 카드(card)라는 뜻의 '카'로 읽는다. ▲페라리→法拉利(파라리:법랍리) ▲롤스로이스→勞斯萊斯(라오쓰라이쓰:노사래사) ▲BMW→寶馬(바오마:보마) ▲링컨→林肯(린컨:임긍) ▲아우디→奧迪(아오디:오적) ▲피아트→菲亞特(페이야터:비아특) ▲볼보→富豪(푸하오:부호) ▲르노→雷諾(레이누어:뇌락) ▲시보레→雪佛蘭(쉬에포란:설불란) ▲도요타→豐田(펑티엔:풍전) ▲혼다→本田(번티엔:본전) ▲미쓰비시→三菱(싼링:삼릉) ▲스즈키→鈴木(링무:영목) ▲닛산→日産(르찬:일산)

중국의 고급차 '紅旗(홍치:홍기)'를 비롯한 중국산 자동차의 한자 브랜드야 말할 것도 없다. 그런데 신기하고도 별나게도 거의가 '…汽車'로 '기차'가 붙었다. 중국서는 자동차를 '기차'라고 부르기 때문이다.

▲吉利汽車(지리치처:길리기차) ▲上海汽車(상하이치처:상해기차) ▲奇瑞汽車(치루이치처:기서기차) ▲長安汽車(창안치처:장안기차) ▲長城汽車(창청치처:장성기차) ▲東風汽車(둥펑치처:동풍기차) ▲東南汽車(둥난치처:동남기차) ▲哈飛汽車(하페이치처:합비기차) ▲海馬汽車(하이마치처:해마기차) ▲華普汽車(화푸치처:화보기차) ▲華泰汽車(화타이치처:화태기차) ▲江淮汽車(장화이치처:강회기차) ▲陸風汽車(리우펑치처:육풍기차) ▲双

環汽車(쌍환치처:쌍환기차) ▲衆泰汽車(중타이치처:중태기차) ▲中興汽車(중싱치처:중흥기차) ▲華晨金杯(화천진빼이:화신금배) ▲華晨中華(화천중화:화신중화) ▲東風柳汽(둥펑리우치:동풍유기) ▲東風雪鐵龍(둥펑쉬에티에룽:동풍설철룡).

중국 토종 자동차 중에서도 2010년 볼보를 인수한 吉利汽車(Geely 자동차)의 위세는 대단하다. 2018년 상반기 벤츠를 추월한 채 판매량이 1년 전 같은 기간에 비해 44%나 증가, 66억7천만위안(1조9천억원)을 기록했고 2018년 중국 자동차 판매량 Top10 중 4위를 차지했다. 그 판매량은 일본 3대 자동차 업체를 능가한 기록이었다.

중국 자동차 메이커와 자동차 이름이 한자 일색인데 비해 일본 자동차는 회사 이름만 일본어일 뿐 자동차 브랜드는 99%가 영자 표기 일색이다.

<도요타(豐田:풍전)>

＊영어 ▲센추리(Century)→세기(世紀), 100년 ▲코롤라(Corolla)→꽃부리 ▲크라운(Crown)→왕관. 중국서는 그 차를 '왕관'이 아닌 '皇冠(황꾸안:황관)'이라고 한다. ▲해리어(Harrier)→약탈자,

침략자. 별난 차 이름이다. ▲이시스(Isis)→고대 이집트신화의 풍요의 여신이다 ▲이스트(-Ist)→~하는 사람 ▲러시(Rush)→돌진하다, 서두르다 ▲소아러(Soarer)→나는 것 ▲석시드(Succeed)→성공하다 ▲수프라(Supra)→앞에, 위에 ▲비스타(Vista)→멀리 내다보이는 경치 ▲위시(Wish)→바라다, 희망하다

　＊그리스어 ▲가이아(Gaia)→그리스신화의 땅의 여신

　＊라틴어 ▲프리우스(Prius)→보다 앞선

　＊왜어(倭語→일본어를 낮추어 이르는 말) ▲캠리(Camry)→일본어 '가무리(かむり→冠)'의 영어식 표현

　<닛산(日産:일산)>

　＊영어 ▲블루버드(Bluebird)→파랑새. 중국에선 '藍鳥(란냐오:남조)'라고 한다. ▲클리퍼(Clipper)→깎는 사람, 가위, 깎는 기구. ▲큐브(Cube)→입방체, 정육면체 ▲크류(Crew)→승무원 전원 ▲익스퍼트(Expert)→숙련가, 전문가 ▲글로리아(Gloria)→영광 ▲로렐(Laurel)→월계수(月桂樹) ▲레오파드(Leopard)→표범 ▲리버티(Liberty)→자유, 해방 ▲프레지던트(President)→대통령 ▲써니(Sunny)→양지바른, 햇볕 잘 드는. 중국에선 '陽光(양꾸앙:양광)'이다.

　<혼다(本田)>

＊영어 ▲어코드(Accord)→일치하다, 조화롭다, 화합하다 ▲에어웨이브(Airwave)→방송 전파 ▲비트(Beat)→두드리다, 치다 ▲시빅(Civic)→시민의 ▲엘레먼트(Element)→성분, 요소 ▲피트(Fit)→맞다, 적합하다 ▲인사이트(Insight)→통찰, 통찰력 ▲인스파이어(Inspire)→격려하다 ▲레전드(Legend)→전설 ▲라이프(Life)→생활, 인생 ▲오디세이(Odyssey)→장기간의 모험 ▲프렐류드(Prelude)→전주곡(前奏曲) ▲스트림(Stream)→개울, 시냇물, 흐름 ▲파트너(Partner)→동료, 협력자 ▲투데이(Today)→오늘, 현재 ▲제스트(Zest)→열정

＊약어(略語) ▲CR-V ▲HR-V

<미쓰비시(三菱:삼릉)>

＊영어 ▲챌린저(Challenger)→도전자 ▲콜트(Colt)→망아지, 장난꾸러기 ▲데보네어(Debonair)→유쾌한, 정중한, 쾌활한 ▲이클립스(Eclipse)→일식 월식의 식(蝕) ▲아이(I)→나 ▲랜서(Lancer)→창기병(槍騎兵) ▲아웃랜더(Out lander)→외국인, 이방인

＊독일어 ▲디아만텐(Diamanten)→금강석의, 찬연한, 부서지지 않는

<마쓰다(松田:송전)>

＊영어 ▲봉고(Bongo)→아프리카 산 영양(羚羊) ▲카펠라(Capella)→마차부(馬車夫)자리의 고유 명. 북쪽 하늘의 한 성좌(星座). ▲캐럴(Carol)→기쁨의 노래 ▲라퓨타(Laputa)→라퓨터 섬. 비현실적인 공상에 잠기는 인간이 산다는 떠 있는 섬. 영국 작가 조나단 스위프트(Jonathan Swift)의 대표작 '걸리버(Gulliver) 여행기'에서 유래. ▲스크럼(Scrum)→미식축구나 럭비에서 쌍방의 팀에서 세 명 이상의 선수가 공을 에워싸고 서로 어깨를 맞대고 버티는 공격 태세. ▲트리뷰트(Tribute)→감사의 표시. 바치는 물건

<스즈키(鈴木:영목)>

＊영어 ▲캐리(Carry)→운반하다 ▲에브리(Every)→모두 ▲래핀(Lapin)→토끼 ▲스위프트(Swift)→빠른, 신속한 ▲트윈(Twin)→쌍둥이

＊이탈리아어 ▲알토(Alto)→성악에서 여성의 가장 낮은 음역(音域) ▲에스쿠도(Escudo)→포르투갈의 화폐 단위

<스바루(昴:昴星:묘성)→28수(宿)의 하나(천문학의)>

＊영어 ▲알시오네(Alcyone)→성좌(星座)의 황소자리 3등성 ▲포레스터(Forester)→삼림 속 거주자, 삼림 관리자 ▲레거시(Legacy)→유산 ▲아웃백(Outback)→미개척 오지(奧地) ▲삼바

(Sambar)→세 갈래 뿔을 가진 동남아시아 산 큰 사슴 ▲스텔라 (Stella)→여자 이름

<이스즈(ISUZU)>

＊영어 ▲필리(Filly)→말괄량이 ▲제미니(Gemini)→성좌(星座)의 쌍둥이자리 ▲위저드(Wizard)→마법사

＊지명(地名) ▲빅혼(Bighorn)→미국 와이오밍 주에 뻗어 있는 로키산맥 북부의 산맥 ▲뮤(Mu)→태평양 중부에 있던 상상의 대륙

<다이하쓰(大發)>

＊영어 ▲어플로즈(Applause)→박수갈채 ▲분(Boon)→유쾌한, 재미있는 ▲서레이드(Charade)→제스처 게임 ▲쿠(Coo)→구구 울다, 정답게 소곤거리다 ▲에세(Esse)→실재, 존재 ▲맥스(Max)→최고의, 최대한 ▲미라(Mira)→밤하늘 고래자리의 밝은 자리 변광성 (變光星) ▲무브(Move)→움직이다 ▲네이키드(Naked)→벌거숭이의, 나체의 ▲러거(Rugger)→럭비선수

＊약어 ▲YRV→팔팔한(Youthful)＋튼튼한(Robust)＋생생한, 밝은(Vivid)의 합성어

＊합성어 ▲코펜(Copen)→치밀한(Compact)＋열린(Open)의 합성어

<미쓰오카(光岡)>→수제(手製)차 제조 기업

이웃 일본과 중국의 자동차만 해도 이토록 종류가 많거늘 전 세계 자동차 브랜드 수는 얼마나 많을까. 그 수는 헤아릴 수도 없이 많을지 모른다. 거의 매일같이 새 브랜드의 자동차가 생산되고 있지 않은가. 그런데 ▲인류 최초의 자동차가 출현한 건 언제쯤이었을까.

독일의 칼 벤츠(Karl Benz)라는 사람이 '끌어주는 말(馬)이 없이 달리는 마차를 만들어 보겠다'며 자동차를 만들기 시작했고 그래서 인류 최초의 자동차인 삼륜차를 만들어낸 게 1886년이었다. 그의 독일은 단연 자동차 선진국이다.

▲1937년 히틀러의 지시로 만들어진 독일 국민차―서민 차의 대명사도 딱정벌레 '폭스바겐(Volks Wagen Werk)'이었고 폭스는 국민, 바겐은 차, 베르크(Werk)는 일(노동)이란 뜻이다. 그 폭스바겐 출현과 함께 전 세계에서 생산된 자동차 종류는 고급차의 대명사인 벤츠를 비롯해 BMW 아우디 포르세 등 독일 차, GM 포드 크라이슬러 등 미국 차, 푸조 르노 시트로엥 등 프랑스 차를 위시해 헤아릴 수도 없이 많다.

▲한국이 생산한 최초의 자동차는 국제차량제작이 1955년 만든 '시발(始發)'이었고 그 자동차 측면의 로고는 '시—바ㄹ'였다. 그 발음이 마치 욕설처럼 들려 글렀다. 그러다가 ▲1976년 현대에서 생산된 첫 자동차가 '포니(pony→조랑말)'라는 이름이었다. 그런 한국이 세계 5대 자동차 강국으로 부상했고 2010년부터 연간 300만대를 수출하고 있다는 거 아닌가.

그럼 ▲사상 최고 자동차 판매 가격은 얼마나 됐을까. 현대적인 신종 차도 아니고 프랑스에서 1936년 만들어진 클래식 카 '부가티 57SC 아틀란틱(Bugatti 57SC Atlantic)'이 역대 자동차 매매 최고가를 기록했다고 보도한 건 2010년 5월 4일자 미국의 월스트리트저널(WSJ)이었다. 2009년 사망한 신경학자 피터 윌리엄슨(Williamson)의 유산 관리 회사가 하늘색 부가티 57SC 아틀란틱을 캘리포니아주 옥스나드(Oxnard)에 있는 자동차 박물관에 4천만 달러(약 447억원)를 받고 팔았다는 것이다. 그러니까 '골동품 자동차' 가격이 그 정도였다는 거 아닌가.

▲차 번호판 값만 해도 상상을 초월한다. 2016년 11월 19일 중국 광둥(廣東)성 제양(揭陽·게양)시에서 열린 자동차 번호판 경매에서 '粵V·99999' 번호판이 320만 위안(약 5억4천만 원)에 낙찰됐다. 장수

를 뜻하는 '久(지우)'자와 '9'의 발음이 같다는 이유였다. 粤은 '나라 이름 월'자로 발음은 '위에'다.

　▲오늘날 자동차 생산 기술은 눈부시게 발전했다. 무공해 수소 차, 전기 차 시대와 함께 무인(無人) 자동차, 운전자 없는 자율주행 자동차 상용화 시점도 멀지 않았다. 정부는 그 시점을 2027년으로 내다봤다. ▲눈만으로 자동차 운전이 가능한 주행 기술을 개발했다 는 뉴스가 나온 것도 이미 2010년 4월이었다. 그 역시 자동차 선진 국인 독일 베를린자유대학 컴퓨터과학과의 라울 로하스(Rojas) 교 수가 개발 주인공이었고 운전자가 주행 중 좌회전을 하고 싶으면 왼쪽을 보고 정면을 보면 직진(直進), 멈추고 싶으면 두 눈을 감으면 된다는 것이다.

　그런데 어느 신문이 '한국 국민의 46%가 자가용이 짐이라고 설 문 조사에서 답했다'며 ▲'마이카 시대가 저물어간다'는 사실을 보 도해 눈길을 끌었다. 그게 2019년 12월 7일 신문이었고 마이카 시 대 30년만이다. 2019년 6월 현재 한국의 자동차는 2천344만여 대 (수입 차 9.7%)로 4인 가구가 3~4대를 굴리기도 한다는 것이다. 하지 만 자동차 증가 속도가 무뎌졌다고 한다. 2015년이 4.3% 증가로

정점을 찍었고 2016년 3.9%, 2017년 3.3%, 2018년 3%, 2019년 6월 현재 1%로 계속 자동차 증가 폭이 떨어지고 있다는 게 4천여 명을 대상으로 한 설문조사 결과라고 했다.

▲'자가용이 짐이고 불편하다'고 느끼는 마이카 족 의식의 변화 이유는 뭘까. 첫째가 연료비와 보험료, 수리비 등 유지비용(31%)이었고 그 다음이 교통체증(30%)과 주차난(28%), 사고위험(10%) 순이었다. '자가용 시대'가 아닌 '자가용 자동차 시대'—마이카 시대가 드디어 저물어간다는 것인가.

빵(0)부인, 제로(零)부인은 아니고 '영부인'인가

거두절미(去頭截尾) 하고, ▲대통령 부인만이 영부인은 아니고 ▲퍼스트레이디만이 영부인은 아니다. 이웃집 아저씨의 부인도 영부인이고 동네 이장 통장 반장의 부인도 영부인이다. 건너 마을 돌쇠 떡쇠 부인도 영부인이고 갑돌이 삼돌이 복돌이 삼룡이 부인도 영부인이다. 뽕따는 이쁜이 곱분이 꽃순이 복순이도 시집가면 영부인이 되고 냉큼 단봇짐을 싸 서울로 올라간 금순이 말순이도 결혼하면 바로 영부인이다. 남의 부인에 대한 존칭어가 영부인이다. 그래서 옛날 결혼식 청첩장 등엔 '아무개 귀하' 옆에 '同 영부인'이라는 말이 꼭 따라붙었다. 부부가 함께 오라는 뜻이었다.

'令夫人'의 令자는 '영 내릴 령'자다. 따라서 원 발음은 '령부인'

이지만 두음법칙에 따라 '령'이 '영'이 된 것이다. 아무튼 '영부인'이라는 호칭 말고도 영정(令正) 또는 영실(令室), 영규(令閨)라고도 했다.

▲令夫人뿐 아니라 모든 상대방 가족을 높여 부를 때의 접두사가 '令'이다. 남의 아들은 ▲영식(令息) 또는 영랑(令郎), 남의 딸은 ▲영애(令愛)나 영원(令媛), 남의 어머니는 ▲영자(令慈) 영당(令堂), 남의 아버지는 ▲영존(令尊) 영대인(令大人) 등이다. 그런데 일본에서는 '令夫人(레이후진)'이라는 말을 쓰지만 ▲중국에는 '令夫人'이라는 말이 없다. 중국인들은 영부인을 '令閫(링쿤:령곤)'이라고 한다. 閫이 '문지방 곤'자로 부녀자의 내실을 가리킨다. 그 밖에 '령부인'을 중국에선 令眷(링쥐엔:령권), 令太太(링타이타이), 令正(링정:령정)이라고도 부른다.

일반적인 용어로도 令은 존칭 접두사로 붙는다. '영인(令人)'은 훌륭한 사람이고 '영기(令器)'라면 뛰어난 인재를 가리킨다. 어쨌거나 ▲'영부인'이라는 말의 '令'자가 무슨 뜻인지도 모르고 언론에서 마구 '영부인, 영부인…'지껄이고 끄적거린다는 건 어처구니없는 일이고 온갖 상상과 오해를 부를 수 있다. 제로부인, 빵부인, 零부인, 靈부인 등. 감옥이라는 囹자도 있고 방울(鈴), 잠자리(蛉), 깃털(翎), '나이(齡) 영'자도 있다. 중국엔 '신령 령(靈:링)'자 성씨까지 있다.

여자의 성씨가 靈씨라면 '신령스런 부인'인 모양이다.

그런데 2019년 5월 대한민국 광주에서 거행된 5.18 기념식장
에선 '영부인이 황교안 한국당 대표와의 악수만을 안 하고 빠뜨리
고 지나쳤고 패싱했다'며 온 신문과 방송이 떠들어댔고 2019년 3월
12일 모 신문 기사는 '영부인의 태극기 패션'이었다. '영부인과 절친
한 손혜원 실체 드러날수록 최순실 닮은 꼴' '손혜원이 영부인 친구
지만 현역 의원이라 감찰 못해'도 각각 2019년 1월 23일과 24일자
신문 기사였고 '영부인께서 심석희 선수에게 편지와 녹색 머플러를
보냈다'는 기사는 1월 27일자 어느 신문이었다.

그런가하면 ▲'미국의 영부인 멜라니아 여사 운운'은 그 이틀 전
KBS 뉴스였는가 하면 ▲'영부인 사칭 사기범 아들 사립학교 취업
논란'은 2월 12일 어느 신문 기사였다. 영부인 사칭이라면 2018년
11월의 사건이 또 신문 방송을 떠들썩하게 했다. 윤장현 광주시장
이 노무현 전 대통령 영부인 권양숙 여사를 사칭한 어느 여인에게
엉망으로 당했다는 그 사건 말이다.

'손혜원이 영부인과 동창이라 사익을 추구했다는 의혹'은 지난
1월 또 신문마다 방송마다 빗발쳤다. 그 '영부인'이 도대체 누구의
영부인인가. 그야 문재인 대통령 부인인 줄 모르는 사람이 없을지

모르지만 '영부인'은 문재인 대통령 부인 김정숙 여사뿐만이 아니다. 김정숙 여사를 '영부인'으로 존칭하기 위해선 반드시 ▲'문재인 대통령 영부인'으로 호칭해야 옳고 그래야 틀린 말이 아니다.

'미국의 영부인 멜라니아 여사'도 말이 안 된다. ▲'트럼프 미국 대통령 영부인'이라고 불러야 옳다는 거다. 덮어놓고 '미국의 영부인'이라고 하면 그 영부인은 거의 1억 명은 될지도 모른다. 2016년 6월 8일 한국의 모 대표적인 신문은 '힐러리 클린턴은 영부인~상원의원~국무장관을 거쳐 하나(대통령)만 남았다'고 보도했다. 그런 경우는 '힐러리 클린턴 영부인'이 아니라 ▲'빌 클린턴(대통령) 영부인 힐러리'로 표현해야 옳다는 말이다. ▲2017년 2월 11일 모 종편TV는 또 안철수 대통령 후보 부부를 출연시킨 다음 그 부인을 향해 '대통령 되시면 영부인 되실 텐데…'하는 망발을 서슴없이 터뜨렸다. 안철수가 대통령이 안 되면 그 부인은 영부인이 아니었고 아닌가? 그의 결혼식 직후부터 현재까지 안철수 부인은 줄곧 계속 영부인이었고 영부인이다.

초고속 초특급 초일류 초긴장 초박빙 초역세권
초미세먼지…

초 초 초… '초'자 돌림의 말이 대유행이다. '초'가 도대체 대관절 무슨 뜻인가. 옛날 사랑방에 불 밝히던 그 촛불의 초(燭→촉)인가, 요즘 촛불시위 촛불집회 때 켜 꼬나들고 외쳐대는 최신식 죽은 촛불인 그 초인가, 아니면 냉면에 쳐 먹는 초, 조미료의 한 가지인 그 초(醋)인가. 또는 남의 말에 공연히 초나 치는 그 초인가.

우리말사전엔 ▲'초고속' ▲'초특급'이라는 말이 나온다. 전자는 '초고속도(超高速度)'로 고속도보다도 훨씬 빠른 속도를, 후자는 '초특급열차(超特急列車)'로 특급보다도 더 빠른 열차라는 것이다. 그럼 장차 그보다도 더 빠른 시속 500㎞ 이상의 열차가 등장한다면 뭐라고 부를 것인가. '초초고속'의 '초초특급열차'라고 할 참인가.

요즘 부동산 광고지마다 ▲'초역세권'이란 말도 유행이다. 그런데 '超驛勢圈'으로 '역세권을 넘었다(超), 뛰어넘었다'고 하면 '역세권에서 벗어났다, 역세권에서 멀리 떨어졌다'는 정반대의 뜻이 되는 건 아닌가. 반어(反語)의 극치다. 그런가하면 ▲'숲세권'이라는 말까지도 나왔으니까 ▲'초숲세권'이라는 말이 등장할지도 모른다. 그건 또 '숲에서 벗어난(超), 숲과는 거리가 먼' 삭막한 벌거숭이 땅이라는 뜻 아닌가. 무엇보다 도대체 역과 숲이 무슨 세력을 부리길래 역세권 숲세권이란 말인가. 勢가 '세력 세'자다.

▲초박빙 ▲초긴장이라는 말도 된통 웃긴다. '박빙(薄氷)'이 무슨 뜻인가. 아주 얇게 언 살얼음판이 박빙이다. 그러니까 밟고 건너갈 수도 없고 건너가서는 안 되는, 빠져 죽기 쉬운 '위험'의 상징어(象徵語)가 바로 '박빙'이다. 그런데 언제부턴가 아슬아슬한 승부, 즉 용호상박의 백중지세(伯仲之勢)나 비슷비슷한 위세의 호각지세(互角之勢)를 가리켜 '박빙'이니 '박빙지세'라고 말하지 않던가. 더욱 웃기는 건 '초박빙(超薄氷)'이라는 그 말이다. ▲박빙을 넘었다(超), 뛰어넘었다, 벗어났다고 하면 그 상태는 전혀 위험한 것도 아니고 아슬아슬한 승부나 그런 대결도 아니지 않나.

몹시 긴장하고 극도로 긴장하는 게 왜 또 ▲'초긴장(超緊張)'이란 말인가. 이 말 또한 긴장 상태를 '뛰어넘었다(超), 벗어났다'고 하면 이미 긴장하지 않는 느긋한 상태, 그런 평정(平靜) 심리상태가 아닌가. 최근엔 ▲'초미세먼지'라는 말까지 등장했다. 미세먼지, 즉 '작고(微) 가는(細) 먼지'를 넘었다(超), 벗어났다면 이미 미세먼지가 아니라는 뜻 아닌가. 아주 작은 먼지, 극히 작은 먼지라면 '초미세먼지'가 아니라 '극(極)미세먼지'가 합당한 말이다. '가장 작은 미세먼지'라는 뜻으로 '최(最)미세먼지'라고 부르든지….

▲'초대형(超大型)'이라는 말도 유행이다. 초대형 태풍에다가 초대형 지진도 있고 한국에 대한 일본 측의 반도체 부품 수출 규제 행위 또한 '초대형 악재'라고 한다.

그런데 ▲'최첨단(最尖端)'이라는 말 또한 슬프게, 쓰디쓰게 웃긴다. 첨단의 尖자가 '뾰족할 첨'자고 端은 '끝 단'자다. 그러니까 뾰족한 끝, 그 끄트머리가 '첨단'의 뜻이다. 첨탑의 맨 꼭대기, 그 끝이 '첨단'이라는 것이고 피뢰침의 끄트머리가 바로 '첨단'이다. 그러므로, 그러니까 '최첨단'이라는 말은 바로 한자 까막눈들이 하는 소리다.

이토록 엉터리 말들을 남발하는 한자 까막눈들에게 묻고 싶다. 그런데 이런 '특'자 돌림 말들은 왜들 무엇 때문에 안 쓰고 있느냐고. ▲'특별→초특별, 최특별' '특실→초특실, 최특실' '특혜→초특혜, 최특혜' '특대(特大, 特待)→초특대, 최특대)' '특등→초특등, 최특등' '특구→초특구, 최특구' 등.

인플레→인플레이션(inflation)이라면 통화량 팽창을 뜻하는 말이지만 ▲언어→말의 인플레이션 또한 심각하다. 그런데 inflation이라는 말을 들여다보면 흥미롭다. '갤러핑 인플레이션(galloping inflation)'이 있고 반대로 '크리핑 인플레이션(creeping inflation)'이 있다. 전자는 물가가 말을 달리듯(galloping) 급속적으로 오르는, 등귀(騰貴)하는 악성 인플레이션이고 후자는 경기의 호황과 불황에 관계없이 마치 기어가듯 포복하듯(creeping) 물가가 꾸준히, 그리고 서서히 오르기를 계속하는 상태를 가리킨다.

그런가하면 플로 인플레이션(flow inflation)도 있고 반대로 스톡 인플레이션(stock inflation)도 있다. 전자는 비자산적(非資産的)인 일반적 상품의 마냥 흐르듯(flow) 하는 가격 상승이고 후자는 토지 주택 주식 귀금속 등 자산으로 볼 수 있는 품목, 즉 저장(stock)된 전반적인 가격 상승을 가리킨다.

그런데 같은 한자를 쓰는 ▲중국의 언어(말) 인플레이션 또한 몹시 웃긴다.

'뛰어넘을 超(초)'자 돌림의 단어만 보더라도 ▲'超等(차오덩:초등)'은 '최상의, 특상의'라는 뜻이고 '超低空飛行(차오띠쿵페이싱:초저공비행)'은 아주 낮은 비행을 가리킨다. 그토록 아주 낮은 비행인데도 위로 향해 '뛰어넘는 超'자를 쓰다니! 한국어 '초저온'처럼 중국어 '超低溫(차오띠원:초저온)'도 마찬가지다. '저온을 뛰어넘었다, 벗어났다'고 하면 아주 낮은 온도가 아니라 이미 높은 온도 아닌가. '超高壓(차오까오야:초고압)'이란 말 또한 그렇다. 중국어엔 또 '超一流(차오이리우:초일류)'라는 말도 있고 ▲'超特一(차오터이:초특일)'이라는 말도 있다. 최상급이 '초일류'라는 것이다. 그럼 '초일류'가 아닌 그냥 일류는, 일류는 일류이되 시시한 일류란 말인가. '超特一'은 또 1등을 넘은 '初等'이라는 뜻이란다. ▲'超智(차오즈:초지)'라는 말은 또 뭔가. '지혜(智)를 넘었다(超), 벗어났다'는 것은 바보라는 뜻이 아니라 지력(智力)이 뛰어나다, 즉 천재라는 뜻이란다.

중국에는 더욱 별난 말들도 있다. '特快(터콰이:특쾌)'는 '특히, 특별히 유쾌하다'가 아니라 특별급행열차를 가리키고 '特困(터쿤:특곤)'

은 '특별히 곤란하다'가 아니라 '너무너무 곤란하다'는 뜻이다. ▲特자가 겹치는 말들도 있다. '特地'를 '特特地(터터띠:특특지)'라 하고 '특별히 일부러'가 '特特爲爲(터터웨이웨이:특특위위)'다. '特特爲爲'를 또 '特特意意(터터이이)'라고도 한다. 배꼽 잡을 말들 아닌가.

'뾰족할 첨(尖)'자 돌림의 말들을 봐도 尖端(지엔뚜안:첨단)과 尖頭(지엔터우:첨두)는 '뾰족한 끝'이라는 뜻이고 尖頂(지엔띵:첨정)도 같은 뜻이다. 尖利(지엔리:첨리)는 '날카롭다 예리하다 칼날 같다'는 말이고…. 利자는 '이로울 리'자라는 뜻보다는 '날카로울 리'자라는 뜻이 우선이다. 날카롭고 뾰족한 모양을 또 ▲'尖尖(지엔지엔)'이라고도 한다. 尖子(지엔쯔)는 특출한 인물이라는 뜻이고…. 하지만 '최첨단(最尖端)'이라는 말은 말의 과장과 인플레가 심한 중국어에도 없다. '첨단'이 '뾰족한 끝'인데 '그 끝의 끝'이 어디 있다는 것인가.

중국엔 崔(최)씨는 물론이고 最(최)씨라는 성씨도 있다. 하지만 중국인의 발음은 崔가 '추이'인데 반해 最는 '쭈이'로 서로 다르다. 그들 추이씨와 쭈이씨에게 물어봐도 '최첨단'이라는 따위 말은 없다고 할 게 확실하다. 그야말로 한국의 한자 까막눈들이나 생각 없이 흘리는 말이 '최첨단'일 것이다.

같은 한자를 쓰는 일본에도 중국처럼 많지는 않지만 한자어 뻥튀기 인플레이션 어휘는 꽤 있다. 한국어 '특립(特立)'은 자립(自立)이라는 뜻인데 반해 일본어 '特立(토쿠리쓰)'은 '많은 가운데서 특히 뛰어나다'라는 뜻이다.

超特急(초톳큐:초특급) 超特急列車(초톳큐렛샤:초특급열차) 超特急便(초톳큐빈:초특급편)이라는 말도 있다. 特자가 '특히' '특별하다'라는 뜻인데 그걸 뛰어넘었다(超)고 하면 도대체 무슨 뜻인가. 중국어의 ▲特特地(터터띠→特地), 特特意意(터터이이→특별히, 일부러)처럼 일본에서도 초특급편과 초특급열차를 '特特急便'과 '特特急列車'라고 부르는 게 어떨까.

'초국가주의(超國家主義)'라는 말은 한국에도 일본에도 있다. '극단적인 국가주의'가 초국가주의다. 자기 나라는 절대적인 존재, 타국 타민족은 희생해도 된다는 사고방식 그것이다. 현재의 아베 신조(安倍晋三) 정권이야말로 '초국가주의'의 골수분자들인지도 모른다. 그런데 중국은 자기네 땅을 '특별하고도 특별한 땅'인 '特特地'로 여기면서도 '超國家主義'라는 말은 쓰지 않는다.

'最'자 돌림의 ▲일본어 또한 어색하고 웃기는 말이 꽤 있다. 最

愛(최애), 最敬禮(최경례), 最前(최전)이 도대체 무슨 말인가. 이런 따위 이상하고 어색한 말을 실제로 쓰고 있을까. 결코 들어본 적도 없는 이런 말들이 한국어에만 있는 줄 알았더니 놀랍게도 일본어에도 있는 말이다. ▲'最愛(사이아이)'는 '가장 사랑함'이고 ▲'最敬禮(사이케이레이)'는 가장 정중한 경례, 이마가 땅에 닿을 듯한 90~120도 경례를 뜻하고 '最前(사이젠)'은 맨 앞, 맨 먼저라는 뜻이다. 한국어 最前은 '훨씬 이전'이란 뜻으로 뜻에 차이가 있다.

그런가하면 ▲最中(사나카)과 最期(사이고)는 일본어에만 있는 말이다. '最中'은 '한가운데, 한창 때'라는 뜻이고 '最期(사이고)'는 '최성수기' 따위가 아니라 엉뚱하게도 '최후, 멸망의 시기, 죽음, 임종' 등 가장 무서운 말이 바로 最期다. 이런 따위 말을 알고 있는 자체가 유쾌하기는커녕 꽤는 불쾌한 일인지도 모른다.

'발사체를 발사했다'니? 발사체를 어떻게 발사하나?

참 별난 소리들도 다 들린다. 북한 집단이 2019년 금년 들어 동해 쪽을 향해 11차례나 미사일을 쏘아댈 때마다 우리 군 당국과 문재인 정부가 하는 소리가 ▲'북한이 또 발사체를 발사했다'는 것 아닌가. 미사일 발사가 뻔하고도 분명하건만 그 발사된 미사일을 가리켜 '발사체를 발사했다'고 했고 '발사체가 무엇인지 정밀 분석 중'이라고 말하는 이유가 도대체 무엇인가.

하긴 영어 ▲'미사일(missile)'의 뜻은 여러 가지다. 화살도 미사일이고 탄환도 미사일이고 심지어 돌멩이까지 미사일이다. 그러나 금년 들어 북한이 툭하면 동해 쪽으로 쏘아댄 미사일은 '가이디드(guided) 미사일'이라고 한다. '안내된, 유도된 미사일'이라는 뜻이고 그게 즉 '유도탄'이라는 것이다.

어쨌거나 '발사체를 발사했다'는 그 '발사체'라는 말뜻이 무엇인가? '발사체'라면 한자 까막눈들도 '發射體'가 아닐까 상상할지도 모르지만 ▲우리 국어사전엔 '발사체'라는 말이 없다. 그러니까 '발사체'는 신조어다. 그런데 굳이 '발사체'라는 신조어의 말뜻을 밝히자면 '발사하는 몸'이고 '발사한 몸, 발사된 몸'일 것이다. 그렇다면 북한이 대형트럭 이동발사체에서 미사일을 발사했다면 ▲동해 상공으로 날아간 미사일이 발사체인가 아니면 대형트럭 몸통 자체가 발사체인가. '發射體'라는 글자 뜻으로 봐서는 미사일이라는 대형 포탄보다는 그 미사일을 발사한 대형트럭이 '발사체'라는 말에 어울리는 합리적인 글자 뜻이고 적합한 말뜻이 아닌가 싶다. 그렇다면 세상에 대형트럭 몸통 자체를 어떻게 발사할 수 있다는 것인가. 그건 하늘이 두 쪽 나도 불가능할 것이다.

북한이 지난 10월(2019년) 3일 개천절 날 원산만 인근 해상에서 발사한 잠수함발사 탄도미사일(SLBM→submarine-launched ballistic missile)의 경우는 또 어떤가. 그 발사체 역시 ▲미사일이라는 대형 포탄보다는 그걸 바다 속에서 쏘아 올린 잠수함 자체가 발사체 아닌가. 그 또한 천지개벽이 돼도 불가능할 것이다. 그런데도 '발사체 발사, 발사체 발사…’ 하는 인간들은 도대체 어디서 솟구쳐 오른 신인류란 말인가.

　어쨌든 지난 10월 3일 북극성—3형 SLBM 미사일은 2016년 8월 함경남도 신포 인근 해상에서 발사했던 북극성—1호 SLBM에 비해 성능의 제원(諸元)이 훨씬 향상됐다는 것이다. 북극성—3호는 길이 10m, 직경 1.4m로 최대사거리가 2천㎞ 이상인데 그 전의 북극성—1호는 길이 8m, 직경 1.2m, 최대사거리 1천300㎞로 비교가 안 된다는 것이다. 그런 북극성—3호 SLBM을 북한의 신형 3천t급 잠수함에 3발을 탑재할 수 있다는 거 아닌가.

　미국의 북한 전문가들은 ▲북한의 신형 SLBM은 “한국의 미사일 방어망 사각지대를 공략할 수 있다”고 우려했다. 브루스 베넷(Bennett) 랜드연구소 선임 연구원은 지난 3일(한국시간) 미국의 소리(VOA) 방송에서 “이번 미사일은 한국에 큰 위협을 가할 수 있다”며 “한국에 배치된 패트리엇이나 사드(고고도 미사일 방어체계) 등은 주로 북쪽을 향하고 있어 잠수함에서 발사된 미사일이 날아올 경우 막아내지 못할 수도 있다”고 말했다.

　그 ▲2천㎞ 수준의 SLBM은 트럼프 대통령이 설정한 레드라인

(금지선)에 근접한 무기라고 군사 전문가들은 말한다. 그런데도 트럼프 대통령은 일언반구 반응이 없다. 그는 취임 직전인 2017년 1월 "북한 미사일이 미국에 와 닿는 사건은 발생하지 않을 것"이라고 말했었지만 아직도 같은 생각인가. 다시 말해 북한 미사일이 미~북 거리 1만㎞를 넘기는 어려울 것이라고 믿는 것인가. 하지만 북한 잠수함의 항속 거리는 1만7천600㎞로 알려져 있어 미국 근해 2천㎞ 거리까지 접근해 발사할 수도 있다는 것이다.

트럼프는 남한 전역이 사정권인 북한의 종전 '발사체(미사일) 발사'나 방사포 발사체에 대해서도 우려 언급을 한 적이 없다. ▲사정거리(사정거리가 아니라 射程) 5천500㎞ 이상의 대륙간탄도미사일 (ICBM→intercontinental ballistic missile)이 아니니까 미국은 염려할 게 없다는 것인가. 그리고 ▲어느 나라나 미사일 발사 훈련을 하지 않느냐는 것이다. 그럴 때의 트럼프는 마치 동맹인 한국보다 북한 편을 드는 것 같은 말투다. 정경두 국방장관도 지난 9월 27일 국회 대정부질문 답변에서 트럼프와 비슷한 말을 했고 일본 역시 지난 10월 3일 북한의 북극성—3호 SLBM이 일본의 배타적 경제수역에 떨어졌는데도 반응이 없어 트럼프와 박자 맞추기 같지 않은가. ▲ 문재인 정부 또한 북한 SLBM '발사체 발사'에 대해 일언반구도 없고 올해(2019년) 들어 11 차례나 '발사체 발사'를 했는데도 남북 군사 합의 위반을 한 것은 아니라는 거다. 문 정부 모두가 마치 북한 대변인 같고 메신저(使者) 같지 않은가.

하긴 ▲북한이 북극성—3호 SLBM을 발사한 바로 그 10여 시간 후 미국도 ICBM 발사 시험을 했다는 것 아닌가. 같은 날인 2일(미국 시간) 미 공군에 의하면 캘리포니아 주 반덴버그(Vandenberg) 공군기지에서 대륙간탄도미사일 '미니트맨(Minuteman)3'를 발사했다는 것이다. 그 미국의 ICBM은 태평양을 가로질러 약 6천750km를 비행한 후 마셜(Marshall) 군도의 한 환초(環礁)에 낙하했다. 다만 그 미사일은 탄두를 제거한 것으로 표적에 떨어져도 폭발하지는 않는다는 것이다.

북한은 ▲2006년 10월 9일 제1차 핵실험 실시 이후 6차례 핵실험을 통해 원자탄과 수소폭탄까지 핵 개발을 완료했고 2018년 10월 1일 조명균 통일부장관은 ▲북한이 '20~60개의 핵무기를 보유하고 있다'고 국회에 보고했다. 이미 1년에 7~10개의 핵무기를 생산할 수 있다는 게 또 북한 측 주장이다. ▲북한의 대륙간탄도미사일 역시 완성 단계다. 2017년 11월 발사된 '화성—15형'만 해도 사거리가 1만3천㎞의 ICBM으로 미국 워싱턴과 뉴욕을 포함한 미 대륙 전역을 타격할 수 있다. 무기 이름 또한 거창하다. ICBM은 화성이고 SLBM은 북극성이다. 육지에서 쏘는 건 화성 시리즈고 바다에서 쏴 올리는 건 북극성 시리즈다.

▲트럼프는 북한이 그런 장거리 미사일만 더 이상 발사하지 않는다면 미국은 괜찮다는 것이고 김정은이 이미 핵과 ICBM, SLBM 3종 첨단무기 세트 개발을 완료했는데도 문제가 되지 않는다는 것인가. 하지만 ▲유럽 선진국인 영국 독일 프랑스를 비롯한 벨기에, 폴란드 등 6개국은 미국과 한국의 반응이 없는 북한 SLBM 발사 사건을 유엔안보리 결의 위반 사례로 규정, 4일 안보리 소집을 요구했다. 그러나 미국과 한국 등 안보리의 반응이 없자 8일(한국시간 10월 9일) 긴급회의를 열어 '북한이 유엔제재 규정을 위반했다'는 공동성명을 발표했다. 그에 북한은 즉각 반발했다.

북한의 첨단무기 개발 완성 단계만이 염려스러운 건 아니다. ▲중국의 SLBM인 094형 '巨浪(쥐랑:거랑)—2'만 해도 길이 13m, 직경 2m로 크고 최대 사거리도 8천㎞로 북한 북극성—3호의 4배나 된다. 그걸 중국 핵추진 잠수함에 12발이나 탑재할 수 있다는 것이

다. 게다가 지난 10월 1일 천안문광장에서 열린 중국 건국(成立:청리)

70주년 기념 열병식에서는 ▲미국 전역이 사정권인 사거리 1만2천

㎞의 ICBM과 미국의 요격망을 무력화하는 극초음속 미사일 등 첨

단무기를 공개했다.

　　그런데 핵무기까지 동원한 그날의 대대적인 열병식에서 공개

한 ▲'東風(둥펑:동풍)―17' 극초음속 탄도미사일은 한국과 주한 미

군, 주일 미군 등을 겨냥한 무기로 미국이 대책에 부심하고 있다는

것이다. 그 둥펑―17은 한국에 배치된 미군의 사드를 비롯해 패트

리엇, 3M―3 등 미국의 기존 미사일 방어망을 무력화, 돌파할 수

있는 첨단무기라는 것 아닌가. 중국의 그날 1만5천명 열병식에서

는 또 사거리가 1만5천㎞로 미국 전역이 사정권인 차세대 대륙간

탄도미사일(ICBM) 東風―5, 東風31AG' 등도 첫 공개해 장차 미·중

핵전쟁에 대비하는 등의 전쟁 능력을 과시했다.

　　▲대륙간탄도미사일은 미국이 1952년 첫 발사 시험을 한

MGM―5Corporal이 최초였고 1954년부터 미 육군이 사용했다.

러시아는 1957년 R―7이라는 이름의 ICBM이 최초 개발이었다.

그러니까 '이미' 정도가 아니라 머나먼 과거인 1957년이다. 또한 ▲

미 해군연구소(NRL)가 원자력잠수함 프로비던스(Providence→先見

之明, 天佑, 섭리라는 뜻)로부터 drone(無人機)을 줄줄이 연달아 쏴 올리는데 성공했다고 발표한 것은 2013년 12월 5일이었고 그 놀라운 사실을 이틀 후 CNN뉴스가 보도했다.

▲드론은 이미 첨단무기로 부상(浮上)한 지 오래다. 그런데 2016년 1월 6일의 북한 4차 핵실험도 미국이 그 2주 전에 군사적 탐지 찰지(察知)용 드론으로 알아냈고 미 연방항공국(FAA)에 등록된 드론만도 2016년 1월 현재 18만대라고 했다. 그런 ▲무인기(이란의)가 2019년 9월 14일 사우디아라비아의 유전을 공격해 산유시설을 마비시켰다. 그런데 드론이든 뭐든 첨단무기라면 미국이 단연 선두다. 정밀 스텔스 폭격기와 핵잠수함 등 이른바 킬 체인(Kill Chain) 완성에 이어 B61—12 소형 정밀 핵무기 개발도 2015년 성공했고 레이저 무기도 그 무렵 이미 가시권이라고 했다. 하지만 타국의 추종 불허(追從不許) 경지까지는 이르지 못하지 않았나 싶다.

▲레이저 무기만 해도 중국이 레이저 소총을 개발했다고 보도한 언론은 2018년 7월 2일자 홍콩 사우스차이나모닝포스트(SCMP)였다. 중국 산시(陝西)성 과학아카데미 산하 광학정밀기계연구소가 개발한 레이저 소총 ZKZM—500은 구경 15㎜, 무게 3㎏으로 사거

리가 800m라는 것이다. 그런데 문제의 그 레이저 소총은 인체에 치명상을 입히지는 않지만 눈 깜짝할 사이에 적의 옷을 태워 화상을 입힐 수 있다는 것 아닌가.

그러나 ▲모든 첨단 무기를 압도, 무색하게 하는 건 핵무기다. 지구상의 최초 핵실험은 2차대전 막바지인 1945년 7월 16일 미국 뉴멕시코 주 외진 사막에서 실시됐고 그로부터 한 달도 안 된 8월 6일 일본 히로시마(廣島)에 인류 최초로 원자탄을 투하, 2차대전을 종식시키지 않았던가. 그런 핵폭탄을 그 어느 인간이하 집단도 더 이상 지구상의 무고한 인류를 향해 투하할 수는 없고 그래서도 안 된다. 하지만 누가 알랴. ▲전쟁 준비에 여념이 없는 미치광이 지도자가 지구상에 한두 명인가. '설마 핵전쟁이야 날까…'라는 맹신(盲信)은 금물이다. 지구촌 그 어느 구석도 안전을 보장받기는 어렵다. 북한 김정은만 해도 어떤가. 인민은 굶어 죽는데도 천문학적인 돈을 처들여 핵무기를 개발, 완성 단계에 있다. 그 목적이 바로 '핵무기를 앞세워 한반도 적화통일을 노리는 것'이라는 주장은 이미 워싱턴 정가 곳곳에서 불거지고 있지 않은가.

▲미국엔 돈만 아는 부동산업자 출신 대통령이 출현, 재선을 위

해 미·북 관계 개선을 이용하려 하고 있고 사우스코리아를 향해서는 주한미군 비용 분담금을 불과 1년 전보다 무려 6배로 올리려 들지 않는가. 지난 3월(2019년) 한·미 방위비분담금특별협정(SMA)에서 1조389억원으로 합의해 놓고 1년도 안돼 6배에 가까운 약 6조원을 내라는 것이다. 그 돈을 끝내 거부할 경우 한·미연합군 훈련 취소에 이어 아예 주한 미군 철수 명령을 내릴지도 모른다. 충분히 그럴만한 인간이 트럼프다.

그렇지 않아도 ▲워싱턴 정가에서는 주한미군 철수 문제가 자주 입에 오르내리고 있다는 것이고 문 정권 들어선 후 서울에선 일찍부터 ▲'주한미군 철수'를 외치는 좌파 종북 시위대의 준동이 잦다. 광화문 주한 미국대사관 앞에서도 '미군 철수'를 부르짖는가 하면 지난 10월 4일엔 그런 유(類)의 대학생들이 세종대왕상 위에도 올라가 '미국 물러가라'고 외쳐댔다. 그래도 문 정권 경찰은 '나 몰라라' 하지 않는가.

외교적 고립을 자초한 채 북한 김정은에게만 목을 매는 문 정권, 북한이 툭하면 미사일을 쏘아대도 미사일이라는 말도 못한 채 '발사체를 발사했다'는 궤변을 되풀이하는 ▲문 정권이 전시작전 통제권 이양을 서두르는 이유는 또 뭔가. 미래사령부 사령관을 한국 장성이 맡을 경우 미군이 원하는 대로 통제를 못할 수도 있다고 했다. 게다가 한·일간군사보호협정(GSOMIA→General Security of Military Information Agreement)까지 파기했다.

시장경제 자유대한민국이 위태롭다. ▲한 나라를 지탱하는 양대 축(軸)인 경제와 안보가 모두 위험하다. '북한 비핵화'가 아닌 '한반도 비핵화'를 외치고 '미·북 관계'가 아닌 '북·미 관계'라고 호칭하는 정권과 언론에게 묻고 싶다. 김정은이 죽어도 핵을 못 버리는 이유가 뭐라고 믿는가. 한반도 평화 구축과 보장을 위해서인가.

▲'발사체를 발사했다'는 말 따위는 귀신이 뭐 까먹는 소리 같다. 우리말에 발사각(發射角), 발사관(發射管), 발사대(發射臺), 발사속도, 발사약(藥), 발사장(場), 발사지점이라는 말은 있어도 '발사체'라는 말은 없다. '발사'의 發은 '쏠 발'자, 射도 '쏠 사'자다. '발사체(發射體)'라면 '쏘는 몸'이다. 그러니까 미사일 발사를 가리켜 '발사체를 발사했다'고 하면 '쏘는 몸 자체를 쐈다' '미사일이 아닌 그 발사대(發射臺)를 쐈다'는 소리가 된다.

▲중국어에도 發射管(파서구안:발사관), 發射機(파서지:발사기)는 있어도 '發射體'라는 말은 없고 일본어에도 發射管(핫샤칸), 發射藥(핫

샤야쿠) 등은 있어도 發射體(핫샤다이)라는 말은 없다.

칠전팔기 천지개벽 경천동지 천번지복…
과장이 너무 심하지 않은가

우리말엔 심한 뻥튀기에다가 허풍과 과장(誇張)이 지나친 사자성 어도 흔하다. '홀아비는 이(虱)가 서 말(斗)이고 홀어미는 은이 서 말이다' '구슬이 서 말이라도 꿰어야 보배다' 따위 속담부터 웃긴다. 요즘엔 보기 어려운 이, 내복 솔기를 따라 설설 기어 다니던 이가 자그마치 서(세) 말이라니! 이는 왜 또 서 말이고 은도 서 말이고 구슬도 서 말이라는 말인가. 두 말 또는 네 말은 안 되고 모두 서 말인 까닭이 무엇인가.

하지만 속담 따위의 지나친 과장이 웃기는 건 사자성어 등 한자어에 비하면 아무것도 아니다. ▲'칠전팔기(七顚八起)' 등 흔히, 그리고 요즘도 자주 쓰는 말부터 있을 수 없는 말이다. '일곱 번 넘어지고 여덟 번 일어난다' '7번 넘어졌는데 8번 일어난다'니? 이 세상 천지에 7번 넘어졌는데 어떻게 8번이나 일어나고 일어날 수 있다는 것인가. 그건 오뚝이도 불가능하고 귀신도 못 일어나고 왕 도깨비도 마찬가지다. '힘은 항우장사요 재주는 제갈 양(諸葛 亮)'이란 말이 있다. 그런 제갈 양도 일곱 번 놓아(풀어)주었다가 일곱 번 사로잡았던 '칠종칠금(七縱七擒)'은 가능했어도 '칠종팔금(七縱八擒)'은 할 수 없었고 할 수 없다. 그가 남만(南蠻)—남녘 오랑캐 정벌 때 남만의 추장(酋長)인 맹획(孟獲)이라는 자를 7번이나 놓아주었다가 7번 사로잡았다고 해서 생긴 말이 '칠종칠금'이었다.

그런데 2009년 8월 25일 한국의 인공위성 나로호 발사가 실패로 끝나자 MB 대통령이 언급했다. "칠전팔기가 안 되면 8전9기로도 한다는 각오로 더욱 분발해 우주 강국의 꿈을 꼭 이뤄야 한다"고. '칠전팔기'에다 한 술 더 떠 '8전9기'를 하자는 것이었다. 그 때 필자는 그 나로호의 '나로'라는 말뜻이 꺼림칙하다고 생각했다. 전남 고흥군 봉래면 나로도(羅老島)는 북쪽의 내나로도와 남쪽의 외나로도로 나뉘는데 '羅老'엔 두 가지 상반된 뜻이 있다. '비단처럼 매끄럽고 곱게 늙는다'는 뜻과 '새처럼 그물에 갇혀 늙는다'는 뜻이다. 한자의 본고장인 중국에선 '비단' 뜻보다는 '그물—새 그물(鳥

뜸:조고)'이라는 뜻이 우선이다. 그래선지 나로호 발사 실패 후 중국 CCTV(중앙TV) 화면에 비친 '羅老(羅老)'라는 글자가 왠지 마음에 걸렸다.

　▲'칠전팔도(七顚八倒)'라는 말도 있다. 일곱 번 넘어졌는데 여덟 번 쓰러진다는 뜻이다. 그런데 우리말사전엔 '일곱 번 구르고 여덟 번 거꾸러진다'는 뜻이라고 했다. 하지만 중국 한자사전의 顚자는 '넘어질 도'자고 倒자도 마찬가지다. 따라서 우리말사전의 '일곱 번 구르고 여덟 번 거꾸러진다'는 뜻풀이는 엉터리다. 중국 글자 '顚'자는 '넘어지다'보다는 '머리 전'자가 우선이다.

　▲'상전벽해(桑田碧海)' '상전창해(桑田滄海)' '창해상전(滄海桑田)' '창상지변(滄桑之變)'이라는 말들도 과장과 허풍이 심하다. 뽕나무 밭(桑田)이 푸른 바다가 된다는 건 불가능하다. 그야말로 ▲'천번지복(天飜地覆)'→하늘과 땅이 뒤집혀 바뀌지 않는 한 있을 수 없다. 그러니까 '하늘을 놀라게 하고 땅을 뒤흔드는' ▲'경천동지(驚天動地)'의 ▲'천지개벽(天地開闢)', 즉 하늘과 땅이 처음 열리는 게 아니라 다시 열리는 그런 경지에나 뽕나무 밭과 바다가 뒤바뀌는 게 가능하지 않을까. 중국에선 '桑田碧海'라는 말을 '桑田變成海了'라고 풀어서

말한다. '뽕나무 밭이 변해서 바다가 된다'고. '变'은 '變'자의 중국식 간자(簡字)다.

　▲'오비삼척(吾鼻三尺)'—'오비수삼척(吾鼻垂三尺)'→'내 코가 석 자나 빠졌다'는 말도 된통 웃긴다. 코의 길이가 석 자라면 90㎝를 넘어 1m에 가깝다. 거인 영화에 나오는 괴물 거인의 코나 그쯤 되지 않을까 상상할 수 있을지 모른다. 당나라 시인 이백(李太白)의 '추포가(秋浦歌)'에서 전해졌다는 ▲'백발삼천장(白髮三千丈)'도 과장 수사(修辭)가 지나치다. 늘어진 백발의 길이가 3천 장(丈)이라니! 한 丈의 길이는 1자(尺)의 10배로 3.33미터다. 그런데 백발이 무려 3천 장이란다. 3천 장이면 9천m도 넘는다는 거 아닌가.

　중국에는 '칠전팔기(七顚八起)'라는 말은 없고 그 대신에 ▲'七顚八倒(치띠엔빠다오:칠전팔도)'라는 말이 있다. 그런데 한국어의 '칠전팔도'라는 말과는 뜻이 전혀 다르다. '일곱 번 넘어졌는데 여덟 번 쓰러진다' 또는 '7번 구르고 8번 거꾸러진다'는 그런 뜻이 아니라 '뒤죽박죽 뒤범벅이 돼 혼란하다'는 뜻으로 통한다. ▲'七病八痛(치삥빠퉁:칠병팔통)'→'일곱 번 질병이 났는데 여덟 번 아프다'는 뜻보다는 병을 자주 앓는다는 뜻이다. 그래도 과장은 지나치다. 글자 뜻이야

‘7번 질병에 걸렸는데 8번 아프다’는 그런 뜻으로밖에 볼 수 없지 않은가. ▲‘七斷八續(치뚜안빠쉬:칠단팔속)’→‘일곱 번 끊겼는데 여덟 번 이어졌다’는 뜻이다. 7번 끊겼는데 8번 이어질 수는 없겠지만 일관되지 않고 자주 끊긴다는 그런 뜻의 과장 표현이다.

▲‘七開八得(치카이빠따오:칠개팔득)’→이 말 또한 일곱 번 열렸는데 여덟 번 얻을 수야 없겠지만 ‘몇 번이고 되풀이하다’는 뜻이다. ▲‘七上八落(치상빠루어:칠상팔락)’→‘일곱 번 올랐는데(상승했는데) 여덟 번 내려간다, 하락한다’는 것도 있을 수 없지만 무슨 물건이 그렇다는 게 아니라 ‘안절부절못하다’는 뜻이다. ▲‘七上八下(치상빠시아)’라는 말 또한 ‘七上八落’과 같은 뜻이다.

▲‘七東八西(치뚱빠시)’→이건 또 무슨 뜻일까. ‘일곱 동쪽과 여덟 서쪽’이라니! 하지만 여기서는 동서남북의 동쪽 서쪽이 아니다. 중국어에서 동과 서, ‘東西(뚱시)’는 ‘물건’을 가리킨다. 따라서 ‘七東八西’라는 말은 ‘물건이 너저분하다 잡다하다 난잡하다’는 뜻이다. 그런데 중국어에서 가장 배꼽 잡게 하는 과장법 수사는 ▲‘畵餠充飢(화빙충지:화병충기)’다. ‘그림의 떡으로 배고픔, 굶주린 배를 채운다’는 뜻이다. 한국의 속담처럼 그냥 바라보기만하는 ‘그림의 떡’ 또는 바라보면서 침만 삼키는 그림 속의 떡이 아니라 그 그림의 떡에 손을

뻗어 집어먹고 허기를 달랜다, 배를 채운다는 것이다. 세상에 얼마나 웃기는 뻥튀기 중국어 사자성어인가.

중국의 '하늘 天'자 돌림의 과장된 사자성어도 몹시 웃긴다.

▲한국어의 '천번지복(天飜地覆→하늘과 땅이 뒤집힘)'이라는 말은 중국에서도 '천번지복'이지만 한자가 다르다. 중국에선 '天翻地覆(티엔판띠푸)'으로 飜이 아닌 翻이다. 하지만 두 글자 모두 '날 번, 뒤집힐 번'자다. ▲'하늘이 무너지고 땅이 꺼짐'이라는 한국어 '천붕지괴(天崩地壞)'도 중국에선 ▲'天崩地裂(티엔뻥띠리에:천붕지열)' 즉 '하늘이 무너지고 땅이 벌어지다'라는 뜻으로 다르다. ▲'天旋地轉(티엔쉬엔띠주안:천선지전)'이라는 말도 글자 뜻이야 '하늘과 땅이 빙빙 돌다'지만 그보다는 ①정신이 아찔하고 머리가 빙빙 돌다 ②매우 큰 변화가 일어난다는 그런 뜻으로 통한다.

절세미인을 가리켜 한국에선 '경국지색(傾國之色)→나라가 기울어져도 모를 미인'이라고 하지만 중국에선 한 술 더 뜬다. ▲'天姿國色(티엔쯔꿔써:천자국색)'→'하늘의 자태에다가 나라의 색깔 겸 향기'라고 말한다. ▲'天王巨星(티엔왕쥐싱:천왕거성)'은 또 뭔가. '하늘의 왕인 큰 별'이라면 태양 아닐까. 그게 아니다. 중국에선 초특급 스타를

'천왕거성'이라고 한다. 특급 스타를 뛰어넘은 초특급 스타다. 영화 연극 운동선수 등 웬만한 스타도 중국에선 '明星(밍싱)'→'밝은 별'이라고 부르건만 '천왕거성'이라니! 과장과 뻥튀기가 극에 달한 찬사가 아닐 수 없다. 참고로 인기 스타는 '受歡迎的明星(서우환잉더밍싱: 수환영적명성)'→'환영받는 명성'이고 스타덤은 '明星隊伍(밍싱뚜이우: 명성대오)'→'명성 대열'이라고 한다. 그런가하면 톱스타는 '偶像明星(어우샹밍싱:우상명성)'→'우상이 된 별'이다.

그리고 중국의 또 하나 웃기는 과장 언어는 '하늘 머리에 땅 다리'인 ▲'天頭地脚(티엔터우띠쟈오:천두지각)'이다. 도대체 이게 무슨 소리일까. 놀랍게도, 상상 밖으로 책 페이지의 위아래 공백이 '하늘 머리에 땅 다리'란다.

같은 한자를 쓰는 일본어에도 중국어처럼 많지는 않지만 과장 뻥튀기 언어는 통한다. '일곱 번 넘어졌는데 여덟 번 일어난다'는 허무맹랑한 사자성어 '칠전팔기(七顚八起)'라는 말부터…. 그런데 일본어에서는 ▲'七轉八起(시치텐핫키)'로 써 '넘어질 전(顚)'자가 아닌 '구를 전(轉)'자다. 훈독(訓讀)으로는 '나나코로비 야오키'다. '七顚八起'라는 한자도 함께 쓰긴 하지만 보통 '七轉八起'라고 쓴다는 것이다.

▲'일곱 번 구르고 여덟 번 넘어진다'는 그 ▲'七轉八倒(시치텐핫도)'
도 일본어에 있는 말이다. 하지만 꼭 그런 뜻만은 아니고 '괴로운 나
머지 이리저리 뒹굴다'는 뜻으로 통한다. 이 말 역시 '七顚八倒'라는
말과는 '顚'자가 다르고 '轉'자를 쓰지만 보통은 두 글자 모두 그냥
통한다.

또한 ▲'天空海濶(텐쿠가이카쓰:천공해활)'이라는 과장된 사자성어
도 있다. 사람의 도량이 넓기가 마치 빈 하늘, 넓은 바다와 같다는
뜻이다. 濶이 '넓을 활'자다. 그런데 '바다와 같은 넓은 마음으로 헤
아려준다' 또는 '그런 마음으로 양해를 바란다'는 '해량(海量)'과 '해
량(海諒)'이라는 말은 우리말에 있어도 '천량(天量)'과 '천량(天諒)'이라
는 말은 없다. 바다의 넓이와 하늘의 넓이는 비교가 안 되건만… 일
본어도 마찬가지다. '海量(카이료)'이라는 말은 있지만 '天量'이라는
말은 없다.

또 하나 어처구니없는 일본어는 ▲'天地無用(텐치무요:천지무용)'
이다. '천지간 어디에도 쓸데가 없다'는 뜻이 아니고 '(깨지거나 쏟아지
기 쉬운) 화물의 위아래를 거꾸로 하지 말라'는 의미다. 기가 막히지
않는가.

당신은 한자 까막눈이십니까
ⓒ 오동환

초판 1쇄 인쇄 2020년 12월 5일
초판 1쇄 발행 2020년 12월 7일
지은이 오동환
펴낸이 김영훈
펴낸곳 안나푸르나
출판신고 2012년 5월 11일
주소 서울시 마포구 월드컵북로 4길 44-7 한솔빌딩 101호
전화 02-3144-4872 팩스 0504-849-5150
전자우편 idealism@naver.com
ISBN 979-11-86559-56-7 (03700)

이 도서의 국립중앙도서관 출판도서목록(CIP)은 서지정보유통지원시스템 홈페이지
(http://seoji.nl.go.kr)와 국가 자료공동목록시스템(http://www.nl.go.kr/kolisner)에서 이용
하실 수 있습니다. (CIP제어번 : CIP2020048967)